EXTRAIT DU RECUEIL

DE LA

CORRESPONDANCE

TROUVÉE

DANS LE CHARIOT DE KLINGLIN,

A OFFEMBOURG,

IMPRIMÉE PAR ORDRE DU GOUVERNEMENT, EN
PLUVIOSE ET THERMIDOR AN VI.

EXTRAIT DU RECUEIL

DE LA

CORRESPONDANCE

TROUVÉE

DANS LE CHARIOT DE KLINGLIN,

A OFFEMBOURG,

INPRIMÉE PAR ORDRE DU GOUVERNEMENT, EN PLUVIOSE ET THERMIDOR AN VI.

Le général MOREAU, au Ministre de la Police générale.

CITOYEN MINISTRE,

En vous remettant les papiers du général *Klinglin*, chargé de la correspondance secrète de l'armée ennemie, je vous dois quelques détails sur la manière dont ils ont été saisis, et sur ma lettre au cit. *Barthélemy*, que plusieurs personnes ont prétendue écrite après que j'ai eu connaissance des événemens du 18 fructidor ; et de cette supposition, chaque parti a tiré l'induction qu'il lui croyait favorable.

J'y répondrai par des faits, de la vérité desquels personne ne pourra douter.

Le 2 floréal, l'armée que je commandais s'empara d'Offembourg, environ trois heures après midi.

Je suivais de très-près les hussards qui y entrèrent les premiers, et j'y trouvai les fourgons de la chancellerie, de la poste et d'une partie de l'armée ennemie, et les équipages de plusieurs officiers-généraux, entr'autres ceux du général *Klinglin*, dont nos soldats se partageaient les dépouilles.

Je donnai l'ordre de recueillir avec soin tous les papiers qu'on trouverait. On en chargea un fourgon, qui fut conduit le lendemain à Strasbourg, sous l'escorte d'un officier.

Ce ne fut qu'après la ratification des préliminaires de paix, et quand les cantonnemens des troupes furent définitivement réglés avec l'ennemi, qu'on put s'occuper de la vérification des papiers : ils étaient en très-grande quantité, et dans un désordre inséparable de la manière dont on s'en était emparé.

Je chargeai de ce travail un officier d'état-major ; et personne n'est plus à portée que vous de juger du temps qu'il a fallu pour le triage , saisir les indications que le déguisement des noms rendait très-difficiles , découvrir le chiffre et déchiffrer toutes les lettres : ce dernier objet n'est pas encore achevé.

Le 17, je chargeai un courier de retour, de ma lettre du même jour , au citoyen *Barthélemy*. Ce courier partit de Strasbourg le 18 fructidor au matin. Les évènemens du 18 n'ont été connus dans cette ville que le 22.

Il était assez naturel que je m'adressasse à ce directeur , lui ayant déjà parlé de cette correspondance quelques jours avant son départ de Bâle , et ayant eu des relations fréquentes avec lui ou sa légation, sur le même objet.

Je n'ai dû lui parler positivement de ceux qu'inculpait la correspondance du général *Klinglin,* qu'après en avoir acquis la preuve évidente ; mais je ne pouvais plus m'en dispenser, puisqu'il y avait du danger pour mon pays , et qu'il était indispensable de débarrasser l'armée d'une foule d'espions qui instruisaient journellement l'ennemi de notre force et des mou-vemens de l'armée. Vous vous en convain-crez par la *situation des troupes* et de nos magasins, que vous trouverez dans ces papiers.

Salut et fraternité,

M O R E A U.

PIECE trouvée à Venise dans le portefeuille de d'*Antraigues* , et écrite
entièrement de sa main.

MA CONVERSATION (c'est *d'Antraigues* qui
écrit) *avec M. le comte de* Montgaillard *, le
4 décembre 1796, à six heures après midi ,
jusqu'à minuit.*

LE comte *de Montgaillard* était à Venise
depuis le mois de septembre ; je le savais
par le bruit public , mais sans l'avoir jamais vu , ni sans avoir ouï parler de lui.
M. l'abbé *Dumontel*, son ami , est venu
chez moi , il y a six semaines, me voir
de sa part , me faire ses excuses de ce que
les raisons les plus graves l'obligeaient à ne
me pas venir voir ; qu'il me les expliquerait
lui-même au moment qu'il le pourrait.
Le. . . . (1), je reçus une lettre de *Fauche-Borel*, de Neufchâtel, qui me priait
de remettre six cents livres tournois à M.

____

(1) Ce qui suit indique que ce doit être vers le 15 novembre 1796.

de Montgaillard, et de l'engager à se rendre sur-le-champ à Bâle auprès de lui.

Je fis avertir M. *de Montgaillard* : il me renvoie l'abbé *Dumontel*, ne veut pas d'abord les six cents livres ; quinze jours après envoie les rechercher, me demande un rendez-vous pour le 1.er décembre, remet ensuite au 4, et enfin est venu hier 4, à six heures du soir, avec l'abbé *Dumontel*.

Après m'avoir parlé avec détail de son évasion et de sa course en Angleterre, de son retour à (*)... de ses querelles avec la canaille de l'émigration, qui par tout pays ne veut ni faire, ni laisser faire, et qui a plus de démocratie jacobine dans sa misère ou manie, que n'en avait le club des jacobins au milieu de ses triomphes.

Après m'avoir parlé de tout cela, je lui dis : Mais enfin, à présent que faites-vous ? C'est, me dit-il, pour vous en instruire que je suis venu chez vous ; mais il faut prendre les choses d'un peu plus loin.

Au mois d'août 1795, je me trouvais à Bâle. J'avais quitté précédemment la Hol-

---

(*) Mots illisibles dans le manuscrit de d'*Antraigues*.

lande, après avoir reçu l'ordre de partir ,
et l'offre du lord *Saint-Hélène* d'y rester ,
si je voulais promettre de ne plus écrire ,
ce que je refusai. J'avais eu avant une conversation avec le ministre de Danemarck :
il me demandait ce que je pensais de la
révolution ; je ne disais que des choses générales , quand il m'interrompit (*) . . . .
pour me dire : Je vais vous parler plus franchement ; *je regarde les rois coalisés*
comme des filous qui se volent dans les
poches tandis qu'on les mène à la po-
tence.

Ce fut après mon voyage à la Haye , que
j'allai d'abord à Neufchâtel , puis à Bâle.

M. le prince *de Condé* m'appela à Mulheim ; et connaissant toutes les relations
que j'avais en France , il me proposa de
sonder le général *Pichegru* , qui avait son
quartier-général à Altkirch.

Le général *Pichegru* y était alors , environné de quatre représentans conven-
tionnels.

Je me rendis aussi avec quatre ou cinq
cents louis à Neufchâtel ; je jetai les yeux ,

(*) Mot illisible dans le manuscrit de d'*Antraigues*.

pour faire les premières ouvertures , sur *Fauche-Borel*, imprimeur du roi à Neuf-châtel, votre imprimeur et le mien, homme fanatique de la royauté, plein de courage, de zèle , d'enthousiasme , ayant peu d'esprit, mais y suppléant par de la sûreté et de la probité. Je lui associai M. *Courant* , Neufchâtelois, jadis pendant quatorze ans au service du grand *Frédéric*, en qualité de son homme d'exécution (*) . . . à ressource, d'un sang-froid imperturbable , qui a bien plus que de la valeur; il a la plus imperturbable intrépidité.

Je leur persuadai de se charger de la commission ; je les munis d'instructions, de passe-ports : ils étaient étrangers ; je leur fournis tous les prétextes pour voyager en France, comme étrangers , négocians , acquéreurs de biens nationaux. Quand je les crus bien lestés, je les recommandai à Dieu , et je partis pour aller attendre de leurs nouvelles à Bâle.

Le 13 août 1795 (1), *Fauche* et *Cou-*

(*) Mot illisible dans le manuscrit de d'*Antraigues*.

(1) Voyez la lettre de *Louis* (*Fauche-Borel*) , sous la date du 14 avril 1796.

On lit dans cette lettre : « Où *Baptiste* (*Pichegru*) est un *rant* partirent pour se rendre au quartier-général d'Altkirch ; ils y restèrent huit jours, voyant le général *Pichegru* environné de représentans et généraux , sans pouvoir lui parler. Pourtant *Pichegru* les remarqua , sur-tout *Fauche ;* et les voyant assidus sur tous les lieux où il passait, il devina que cet homme avait quelque chose à lui dire , et dit tout haut devant lui en passant : Je vais me rendre à Huningue.

» homme d'honneur , ou c'est un scélérat ; ou *Baptiste* est
» un homme fait pour *concevoir et exécuter* l'entreprise la
» plus hardie et la plus noble , ou c'est un homme voué à
» l'ignominie et au crime.

« Dans le premier cas , *Baptiste* n'eût point écrit, reçu
» des sommes d'argent , envoyé des personnes de confiance ,
» suivi PENDANT HUIT MOIS une affaire dont tant de
» personnes ont la confidence. »

Nous invitons les incrédules à comparer cette époque de huit mois, donnée par la lettre de *Fauche-Borel* à *Wurmser,* à l'époque du 13 août 1795 , indiquée par *Montgaillard ,* et recueillie par d'*Antraigues.*

Nous invitons ces incrédules à remonter de huit mois , en comptant du 14 *avril* 1796 , date de la lettre que nous venons d'extraire ; ils se trouveront transportés avec une exactitude qui les édifiera , *au* 13 *août* 1795, époque indiquée par *Montgaillard.*

Cette concordance entre les souvenirs du comte de *Montgaillard ,* à Venise , le 4 décembre 1796 , et la lettre écrite par l'imprimeur *Fauche* , le 14 avril précédent , sur les bords du Rhin, méritaient d'être remarquées.

Aussitôt *Fauche* part et s'y rend ; *Pichegru* y était arrivé avec les quatre représentans et sept généraux.

Fauche trouva le moyen de se présenter à son passage au fond d'un corridor : *Pichegru* le remarque , le fixe ; et quoiqu'il plût à torrens , il dit tout haut : Je vais dîner chez madame *de Salomon*. Le château est à trois lieues d'Huningue , et cette madame *de Salomon* est la maîtresse de *Pichegru*. *Fauche* part aussitôt , se rend dans le village , monte au château après dîner , et demande le général *Pichegru* : celui-ci le reçoit dans un corridor, en prenant du café.

Fauche alors lui dit que , possesseur d'un manuscrit de *J. J. Rousseau*, il veut le lui dédier. Fort bien, dit *Pichegru*, mais je veux le lire avant; car ce *Rousseau* a des principes de liberté qui ne sont pas les miens, et où je serais très-fâché d'attacher mon nom. Mais , lui dit *Fauche*, j'ai autre chose à vous dire. Et quoi? et de la part de qui? De la part de M. le prince *de Condé*. Taisez-vous et attendez-moi. . . . . . . Alors il le conduisit seul dans un cabinet reculé ; et alors tête à tête il lui dit : Expliquez-vous : que me veut *Monseigneur* prince *de Condé ?*

Fauche, embarrassé, et à qui les expressions ne venaient pas en ce moment, balbutia, hésita. Rassurez-vous, lui dit *Pichegru*, je pense comme M. le prince *de Condé* : que veut-il de moi ? *Fauche* encouragé, lui dit alors : M. le prince *de Condé* desire (*)..... à vous ; il compte sur vous ; il veut s'unir à vous. Ce sont là des choses vagues et inutiles, lui dit *Pichegru ;* cela ne veut rien dire : retournez demander des instructions écrites, et revenez dans trois jours à mon quartier-général à Altkirch ; vous me trouverez seul à six heures précises du soir.

Aussitôt *Fauche* partit, arrive à Bâle, court chez moi, et transporté d'aise, me rend compte de tout. Je passai la nuit à rédiger une lettre au général *Pichegru*. M. le prince *de Condé*, muni de tous les pouvoirs du roi *Louis XVIII*, excepté celui d'accorder des cordons bleus, m'avait, par écrit de sa main, revêtu de tous ses pou-

---

(*) Mots illisibles dans le manuscrit de d'*Antraigues.*

voirs , à l'effet d'entamer une négociation avec le général *Pichegru*.

Ce fut en conséquence que j'écrivis au général. Je lui dis d'abord tout ce qui pouvoit réveiller en lui le noble sentiment du véritable orgueil, qui est l'instinct des grandes ames ; et après lui fait voir tout le bien qu'il pouvait faire , je lui parlai de la reconnaissance du roi pour le bien qu'il ferait à sa patrie en y rétablissant la royauté. . Je lui dis que sa majesté voulait le créer (*). . . . . maréchal de France, gouverneur d'Alsace , nul ne pouvant mieux la gouverner que celui qui l'avait si vaillamment défendue ;

Qu'on lui accorderait le cordon rouge , le château de Chambord avec son parc , et 12 pièces de canou enlevées aux Autrichiens ; un million d'argent comptant , 200,000 livres de rente, un hôtel à Paris. La (*). . . . . d'Arbois, patrie du général , porterait le nom de *Pichegru* , et serait exempte de tout impôt pendant quinze ans : la pension de 200,000 liv. ,

____

(*) Mots illisibles dans le manuscrit de d'*Antraigues*.

réversible par moitié à sa femme, et 5o,ooo livres à ses enfans, à perpétuité, jusqu'à extinction de sa race.

Telles furent les offres faites, au nom du roi, au général *Pichegru.*

Pour son armée, je lui offrais, au nom du roi, la confirmation de tous ses officiers dans leur grade , un avancement pour tous ceux qu'il recommanderait , un traitement pour tout commandant de place qui livrerait sa place, et une exemption d'impôt pour toute ville qui ouvrirait ses portes; quant au peuple de tout état, amnistie entière et sans réserve. J'ajoutai que M. le prince *de Condé* desirerait qu'il proclamât le roi dans ses camps, lui livrât la ville de Huningue, se réunît à lui pour marcher sur Paris.

Pichegru, après avoir lu toute cette lettre avec la plus grande attention , dit à *Fauche :* C'est fort bien ; mais qui est ce M. *de Montgaillard* qui se dit ainsi autorisé? je ne le connais ni lui, ni sa signature. Est-ce l'auteur? Oui, lui dit *Fauche.* Mais, dit *Pichegru,* je desire, avant toute ouverture de ma part, être assuré que M. le prince *de Condé,* dont je me rappelle très-bien l'écriture, ait approuvé tout ce qui m'a été écrit en son nom par M. *de Montgaillard*. Retournez tout de suite auprès de M. *de Montgaillard*, et qu'il instruise M. le prince *de Condé* de ma réponse.

Aussitôt *Fauche* partit, laissa M. *Courant* près de *Pichegru*, et revint auprès de moi.

Arrivé à Bâle à neuf heures du soir, il me rend compte de sa mission. A l'instant je vais à Mulheim, quartier-général du prince *de Condé*, et j'y arrive à minuit et demi. Le prince était couché ; je le fais éveiller ; il me fait asseoir tout à côté de lui sur son lit, et ce fut alors que commença notre conférence.

Il s'agissait seulement, après avoir instruit le prince *de Condé* de l'état des choses, de l'engager à écrire au général *Pichegru*, pour lui confirmer la vérité de tout ce qui lui avait été dit en son nom.

Cette négociation, si simple dans son objet, si nécessaire, si peu susceptible d'obstacles, dura néanmoins toute la nuit.

M. *le prince*, aussi brave qu'il est possible de l'être (*)..... du *grand Condé*, que son imperturbable intrépidité.

Sur tout le reste, c'est le plus petit des hommes; sans moyens comme sans carac-tère, environné des hommes les plus mé-diocres, les plus vils, quelques-uns les plus pervers ; les connaissant bien, et s'en lais-sant dominer.

Ces gens-là sont comme la plupart des émigrés marquans ; ils veulent faire de la révolution une mine à exploiter, et du *prince* un moyen de rendre l'exploitation meilleure. Ces gens-là, tels que MM. *de Montesson, la Jair, Bouthillier*, sont des gens sans aucun moyen que celui de la servi-lité auprès du prince ; mais ils l'entourent, et, se rendant toute justice sur leur incapa-cité totale, ils n'ont que deux mobiles dans toute leur conduite. S'il se présente un homme d'un vrai talent, qui présente des projets d'une vaste étendue et d'une grande difficulté, ils le laissent commencer l'af-faire, se hasarder et la suivre.

Pendant son absence, ils s'attachent à

(*) Mots illisibles dans le manuscrit de d'*Antraigues*.

éloigner le prince de lui, à le faire craindre, à le faire haïr, afin que le (*)..... du
serviteur utile déplaisant, ils aient toute
facilité à l'éconduire, lorsque sa besogne
achevée, elle n'offrira plus de difficultés ;
alors ils songent à s'en emparer et à perdre
l'auteur du travail : c'est ce qu'on appelle,
sur-tout en France, le véritable talent des
courtisans, qui rient de pitié en voyant (*)
...... se dévouer à un maître dont ils sont
sûrs qu'on obtient plus par des bassesses que
par des services, et dont il vaut mieux être
le cuisinier ou le maquereau, que le ministre ou le général.

L'autre mobile de tous les (*) .... du roi
ou des princes, est d'empêcher toute contre - révolution qui ne se ferait pas à leur
profit, et à préférer l'état actuel à tout
autre état qui ne les comblerait pas de
biens de tous genres.

Tels sont les systêmes du roi ou du
prince *de Condé-*

Je ne puis me refuser à un trait qui fait
bien connaître leur stupidité, leur bassesse.

(*) Mots illisibles dans le manuscrit de d'*Antraigues.*

Montmort, qui ne quitte jamais le prince *de Condé*, est un petit homme contrefait d'esprit comme de corps, bossu, bègue, et le plus intrépide des bavards. Un jour que Monseigneur tenait conseil sur ma lettre (*) .... de *Pichegru*, il dit à M. *de Montgaillard*, qui allait partir pour se rapprocher d'Altkirch, quartier - général de *Pichegru* : Monsieur, vous passerez à Stoupach. — Je n'en sais rien. — Mais, monsieur, vous y passerez. — Cela se peut. — Mais savez-vous une histoire singulière de Stoupach ? — Je ne connais ni les lieux, ni les habitans, ni leurs histoires. — Mais, monsieur, les gens de Stoupach détestent les gens d'une ville voisine, et les habitans de la ville voisine prétendent qu'il n'y a pas à Stoupach une poule avec la queue. — Ah ! ah ! ah ! — Et cela, parce que si les poules y avaient une queue, elles ne pourraient pas se retourner dans les rues de Stoupach. — Ah ! ah ! ah ! — Monsieur, cela est très-plaisant. Après cet épisode, on reprit l'affaire : et il s'agissait du salut

____

(*) Mots illisibles dans le manuscrit de d'*Antraigues.*

de la France ! Hommes à talens, voilà votre sort ! Avant d'arriver à ces princes, que vous voulez servir, vous avez à essuyer un travail plus (*) . . . . . que celui d'*Hercule*. Celui-ci (*) .... au moins (*).... dangers ; mais, en ces temps modernes, c'est une (*).... de fumier de cette écurie, qu'il faut passer et (*)....... pour servir les (*).... couronnés de nos princes.

Revenons à nos faits, et laissons narrer par le comte *de Montgaillard* lui-même.

M. le prince *de Condé*, obsédé par ces insectes, s'en laissait dévorer sans les éloigner.

Ces gens-là ont un défaut énorme ; ils n'ont ni assez de moyens, ni assez d'étendue dans l'esprit, pour saisir un grand ensemble, apercevoir le vrai but d'une grande affaire, dévorer tous les détails qui n'en sont que l'échafaudage ; ils ont encore moins le courage d'esprit, qui fait qu'un homme de talent n'aperçoit que le but, et ne s'appesantit sur aucun des moyens nombreux qui doivent l'y conduire.

Si ces moyens ont des inconvéniens, un

(*) Mots illisibles dans le manuscrit de d'*Antraigues*.

coup-d'œil les lui fait (*). . . . . . du grand
but qu'il se propose ; c'est à cette (*)......
balance qui les compare. Il fait, dans
toutes les entreprises, la part du hasard ;
il confie ses ressources à l'avenir ; il veut
arriver au but, ne voit que lui, et y marche
à travers les ronces , sans s'apercevoir des
épines.

Les hommes médiocres et les favoris des
rois (*)...... de la médiocrité, de l'impu-
dence et de la nullité. Les hommes médiocres, incapables de saisir l'ensemble, veulent pourtant faire , parler, donner un
avis. Que font-ils ! ils s'attachent à des détails , en font le principal de l'affaire , s'y
incorporent; et quand leur maître est faible,
ils le forcent à s'en occuper. C'est ainsi
que manquent la plupart des affaires ,
qu'on éloigne ceux qui les ont conçues,
qu'on les aigrit. Les grandes entreprises
confiées à de petites ames , me représen-
tent ces grandes et superbes étoffes sortant
du métier, exposées aux mites ; elles en
sont dévorées ; et ces insectes , si petits et
si vils , les réduisent pourtant en pour-
sière. M. le prince *de Condé*, obsédé par

(*) Mots illisibles dans le manuscrit de d'*Antraigues*.

ses alentours , avait rétréci ses idées sur leurs idées ; et étant devenu aussi timide pour les minuties qu'il l'est peu dans les batailles , il craignait autant les petites choses , qu'ils aiment peu le canon.

Il fallut neuf heures de travail , assis sur son lit à côté de lui, pour lui faire écrire au général *Pichegru* une lettre de neuf lignes. Tantôt il ne voulait pas qu'elle fût de sa main ; puis il ne voulait pas la dater ; puis il ne voulait pas l'appeler général *Pichegru*, de peur de reconnaître la république en lui donnant ce titre ; puis il ne voulut pas y mettre l'adresse ; puis il refusait d'y mettre ses armes ; enfin il combattit pour éviter d'y placer son cachet.

Il se rendit à tout enfin, et lui écrivit qu'il devait ajouter pleine confiance aux lettres que le comte *de Montgaillard* lui avait écrites en son nom et de sa part.

Cela fait, autre difficulté ; le prince voulait réclamer sa lettre. Il fallut lui persuader que c'était en ne la réclamant pas qu'elle lui serait rendue, après avoir produit tout l'effet qu'il en devait attendre ; il se rendit avec peine. Enfin, à la pointe du jour, je repartis pour Bâle, d'où je dépêchai *Fauche* à Altkirch au général *Pichegru*.

Le général, en ouvrant la lettre à huit lignes, du prince, et reconnaissant le caractère et la signature, la lut et aussitôt la remit à *Fauche*, en lui disant : J'ai vu la signature et cela me suffit. La parole du prince est un gage dont tout Français doit se contenter. Reportez-lui sa lettre.

Alors il fut question de ce que voulait le prince. *Fauche* expliqua qu'il desirait,

1.° que *Pichegru* proclamât le roi dans son armée, et arborât le drapeau blanc ;

2.° Qu'il livrât Huningue au prince.

Pichegru s'y refusa. *Je ne ferai rien d'incomplet*, dit-il ; je ne veux pas être le troisième tome de *la Fayette* et *Dumourier*. Je connais mes moyens ; ils sont aussi sûrs que vastes ; ils ont leurs racines non-seulement dans mon armée, mais à Paris, dans la Convention, dans les départemens, dans les armées de ceux des généraux mes collègues qui pensent comme moi. Je ne veux rien faire de partiel ; il faut en finir : la France ne peut exister en république ; il lui faut un roi ; il lui faut *Louis XVIII ;* mais il ne faut commencer la contre-révolution que lorsqu'on sera sûr de l'opérer sûrement et promptement. Voilà quelle est ma devise.

Le plan du prince ne mène à rien ; il serait chassé de Huningue en quatre jours, et je me perdrais en quinze jours. Mon armée est composée de braves gens et de coquins ; il faut séparer les uns des autres et aider tellement les premiers par une grande démarche, qu'ils n'aient plus la possibilité de reculer, et ne voient plus leur salut que dans le succès.

Pour y parvenir, j'offre de passer le Rhin où l'on me désignera, le jour et à l'heure fixés, et avec la quantité de soldats et de toutes les armes qu'on me désignera.

Avant, je placerai dans les places fortes des officiers sûrs et pensant comme moi.

J'éloignerai les coquins, et les placerai dans des lieux où ils ne peuvent nuire, et où leur position sera telle qu'ils ne pourront se réunir. Cela fait, dès que je serai de l'autre côté du Rhin, je proclame le roi ; j'arbore le drapeau blanc ; le corps de *Condé* et l'armée de l'empereur s'unissent à nous : aussitôt je repasse le Rhin, et je rentre en France. Les places fortes seront livrées et gardées au nom du roi par les troupes impériales.

Réuni à l'armée de Condé, je marche sur le-champ en avant ; tous mes moyens se développeront alors de toutes parts, et nous marchons sur Paris, et nous y serons en quatorze jours.

Mais il faut que vous sachiez que pour le soldat français la royauté est au fond du gosier. Il faut, èn criant *vive le roi,* lui donner du vin et un écu dans la main.

Il faut que rien ne lui manque en ce premier moment.

Il faut solder mon armée jusqu'à sa quatrième ou cinquième marche sur le territoire français.

Allez rapporter tout cela au prince, *écrit de ma main*, et donnez-moi ses réponses.

Pendant toutes ces conférences, *Pichegru* était environné de quatre représentans du peuple, à la tête desquels était *Merlin* (de Thionville), le plus insolent et le plus farouche des inquisiteurs.

Ces gens-là, munis des ordres du comité, pressaient *Pichegru* de passer le Rhin, et d'aller assiéger Manheim, où *Merlin* avait conservé de nombreuses intelligences. Ain--

si, si d'une part le comité lui-même prê-
tait par ses ordres à l'exécution du plan
de *Pichegru*, de l'autre, il n'y avait pas de
moment à perdre ; car différer de se rendre
au desir des quatre représentans , c'était
se déclarer suspect.

Ainsi tout imposait au prince *de Condé*
la loi de se décider, et de se décider
promptement.

De plus, le bon-sens lui imposait une
autre loi, celle d'examiner sans passion
quel homme était *Pichegru*, quel était son
abandon, quelles étaient ses propositions.

L'Europe annonçait ses talens , et il
avait mis le prince bien en état de juger
sa bonne-foi.

De plus , sa démarche, son plan , en
étaient de nouvelles preuves. En passant
le Rhin, se mettant au milieu des armées
de *Condé* et de *Wurmser*, il rendait sa
désertion impossible ; et si le succès ne
répondait pas à son attente, il se rendait
lui-même émigré.

Il laissait à ses féroces ennemis sa femme ,
son père, ses enfans , tout répondait de sa
foi : ses talens répondaient à son génie ,
son génie à ses moyens , et les gages qu'il

laissait s'il échouait, assuraient qu'il était sûr du succès.

Quelle stupide prétention que de prétendre mieux connaître l'armée de *Pichegru* que *Pichegru* lui - même ; de croire mieux connaître les provinces frontières, que *Pichegru* qui les commandait, et qui y avait placé pour commandans de ville ses amis !

Cette prétention pourtant perdit la monarchie cette fois comme tant d'autres. M. le prince *de Condé*, en lisant ce plan, le rejetta en totalité.

Il fallait pour son succès, en faire part aux Autrichiens ; *Pichegru* l'exigeait. M. le prince *de Condé* ne le voulait pas absolument, pour avoir à lui seul, la gloire de faire la contre-révolution.

Il répondit à *Pichegru* par des observations, et la conclusion de sa réponse, était de revenir à son premier plan ;

Que *Pichegru* proclamât le roi sans passer le Rhin, *qu'il remît Huningue*, et qu'alors l'armée de *Condé* seule, et sans en rien participer aux Allemands, irait le rejoindre ;

Qu'en ce cas, il pouvait promettre cent

mille écus en louis qu'il avait à Bâle, et 1,400 mille livres qu'il avait en excellentes lettres de change, payables sur-le-champ.

Aucun moyen, aucune idée n'eut de prise sur M. *de Condé;* l'idée de communiquer son plan à *Wurmser*, d'en partager la gloire avec lui, le rendait aveugle et sourd.

Il fallait rapporter ces observations à *Pichegru*, et M. *Courant* en fut chargé.

Je certifie, que ce cahier a été trouvé dans le portefeuille de M. d'Antraigues, ouvert en présence du général en chef Buonaparte et du général Clarke, et coté et paraphé par moi. Montebello, le 5 prairial, an 5 de la République.

Le général divisionnaire chef de l'état-major-général ;

Signé BERTHIER.

PIECE, N°. 16.

Originale de la main de la baronne de **Reich**; *écrite à Klinglin.*

Ce 14 janvier au soir 192.

J'AVAIS reçu mon cher *Persée* (a), ce matin une *fusée* (b) de *Furet* (c) dont j'étais je vous l'avoue de fort mauvaise humeur, parce qu'il ne me disait pas un seul petit mot; que le départ de *Louis* (d) absorbait son tems, et qu'il m'instruisait verbalement : or, il s'était classé dans ma tête que *Louis* (d) : ou 22, 36, 89, 52, 23, (d) passant plus près du *Laurier* (e) que de moi, je ne le verrai pas, sur-tout un froid existant entre ce dernier et moi ! Mais quelle a été ma surprise de le voir débarquer chez moi, ce matin, vers midi en

---

(a) *Klinglin.*
(b) Exprès.
(c) *Demouget.*
(d) *Borel.*
(e) *Condé.*

me remettant un pacquet de *Furet* (a), il s'est nommé, je l'ai retenu à dîner, pour pouvoir causer avec lui à mon aise.

J'ai été fort content de l'homme et de ce qu'il m'a rapporté sur *Poincinet* (b), il m'a protesté qu'il était loyal ; il voulait franchement le retour de l'ordre, mais il persiste à demander qu'on lui laisse les moyens de diriger sa *lanterne* (c) vers son but, il ne veut rien de partiel ; les *Tresses* (d) seules, seraient d'un petit avantage, il veut amener les choses à se déployer en grand, et à ce que le *Laurier* (e) non-seulement recouvre d'un seul jet le Paradis perdu, mais encore, la 23, 36, 89.. 11, 99, 45, 52, 16 (f), et par ces mesures gagne le procès de mon oncle, dites, lui a t'il ajouté (à *Louis*, g) que j'aime autant la *Marquise* (h), que lui, que tout

---

(a) *Demouget.*
(b) *Pichegru.*
(c) Son armée.
(d) Strasbourg.
(e) *Condé.*
(f) La Lorraine.
(g) *Borel.*
(h) Voyez ce mot à la *clef.*

est concentré, dans mon cœur et dans ma tête, mais pour Dieu qu'il ne se fasse pas d'indiscrétion et qu'on ne se permette pas de fausses mesures! Je recommande au *Laurier* (a) de s'unir intimement à *Persée* (b) que j'honore particulièrement, comme bon 34, 99, 23, 99, 14.. 11, 99, 89, 52, 15.. (c) mais encore comme connaissant l'opinion qui est fixée sur lui, et la grande utilité, dont peuvent être ses moyens! ajoutez aussi que je ne veux de *dez* (d) que par *Furet* (e) auquel je donne ma confiance. Nous en sommes au point que le moindre incident peut déveloper les plus grands événements, celui, par exemple de ma 44, 52, 94, 14, 25, 14, 99, 56, 45, 40 (f), me ferait beau jeu, et ferait 14, 36, 34, 22, 52, 89, 30, 14, 56, 25, 14, 52, 16, (g), ma lanterne dans (h) 34, 11, 10, 34.. 11, 99, 45, 19. .Un peu de pa-

---

(a) *Condé.*
(b) *Klinglin.*
(c) Militaire.
(d) Intelligence, correspondance.
(e) *Demouget.*
(f) Destitution.
(g) Tomber toute.
(h) Ma main.

tiencé, LA CRISE FATALE EST PLUS AVANCÉE QU'ON NE PENSE ; qu'on s'en remette à moi et que le brave *César* (a) nous donne protection quand l'heure que j'attends sonnera.

Voilà, mon cher *Persée* (b), en abrégé ce que ma mémoire a recueilli de plus propre à vous être rapporté d'une longue conversation, ou j'ai saisi de la part de l'agent du *Laurier* (c) un grand mécontentement de la manière dont se conduisent les choses chez *Riel* qu'il m'a dit confidément être subjugué par des gens qui disconcertent en affaires aussi majeures. . . . . Je ne lui ai pas dissimulé que j'avais à me plaindre aussi mais que ne connaissant que mon devoir, je le ferais toujours. Il m'a dit qu'il se permettrait de fortes representations au *Laurier* (c), il veut aussi lui parler de frais à acquitter, je lui ai dis de tacher d'insinuer plus *d'observance* de la 44, 99, 94,

---

(a) *Vurmser.*
(b) *Klinglin.*
(c) *Condé.*

31, 99, 67, 23, 99, 45, 52, 19 (a), et que justice se fasse de ceux qui y contreviennent pour arrêter une foule de malheureux résultats, qui naissaient de pareils 44, 52, 94, 56, 89, 44, 89, 52, 94, 40 (b), dont le mécontentement n'éclate de toute part.

Revenons à présent, mon cher *Persée* (c), à une chose qui a fait grand bien à mon cœur fletri, depuis si longtems, c'est que *Louis* (d) a diné il y a peu de jours, chez, 36, 52, 89, 45, 99, 52, 89, 20, (e) où, étaient beaucoup d'enragés, que le maître de la maison a parlé du brave *Roger* (c) comme estimant ses talents et sa loyauté, et que l'assentiment de ces mêmes gens s'est prononcé sur lui unanimement. O mon cher *Persée* (c), j'ai bien trouvé là l'ascendant de la vertu.

Enfin pour en finir de mon narré ; *Louis* (d) ma quitté à trois heures pour se rendre

------

(a) Discipline.
(b) Désordres.
(c) *Klinglin.*
(d) *Fauche-Borel.*
(e) *Vernier.*

en poste, à 22, 25, 82, 23 (a), *il m'a dit*
ne vouloir r'entrer qu'avec la masse, qu'il
esperait qu'il vous serait envoïé, et obte-
nir la faveur de faire votre connaissance.
Depuis son départ, le *Laurier* (b) ma envoyé un des siens ce soir, me dire qu'il
me remerçiait bien de toutes mes atten-
tions et qu'il avait reçu tous ses paquets.
Voilà qui est fort bien, mais je resterai
muete comme une carpe jusqu'à ce que les
choses se montrent convenablement.

A présent il me reste à vous dire que
votre lettre du 2 m'est arrivée bravement
aujourd'hui, peu de momens après celle
du neuf, qui me satisfait d'avantage. La
capricieuse (c) est venue avant hier, mais
je me trouve plus riche que vous ne croyez,
car au lieu de 259 florins 36... husulzer que
vous vouliez m'envoyer, j'en tiens 267 et
23 husulzer, en valeur de France 582 liv.
10 s. 8 deniers, et ainsi inscrit sur mes re-
gistres.

Je ferai ce que vous voulez pour faire
contribuer le *Laurier* (b) mais ne pen-

(a) *Bühl.*
(b) *Condé.*
(c) L'argent.

sez-vous pas qu'il faut a présent laisser *Louis* (a) préparer les voyes, il m'a bien promis de traiter cet article.

Voici une lettre de *Pince* : (ou, 48) pour *Henriette* que je vous prie de lui faire passer, *Millins* nous a quitté hier pour *Kehl :* la veille il avait donné soupé et bal chez lui.

Eh ! qu'a donc fait le *cher Aimé* pour s'être ainsi contusioné le bras, jespere que ce n'est pas une chute de cheval. Trouvez bon que mes amitiés lui soyent consignées ici, ainsi qu'a mon neveu que j'aurais rendu bien content en lui portant l'assurance que vous avez bien voulû me donner sur lui. Ce pauvre garçon rêve bien noir sur nos communes destinées, veuillez le ranimer. Adieu très-cher *Persée* (b), vos deux lettres pour *Furet* (c) m'engagent à lui écrire età envoyer vers lui demain. Je vousprésente mon bien tendre homage.

(a) *Fauche-Borel.*
(b) *Klinglin.*
(c) *Demouget.*

PIÈCE 61ᵉ.

ORIGINALE, *de la main de la baronne* de Reich, *adressée à* Klinglin.

Le 26 février 9 heures du matin. 212.

J'ESPERAIS, mon cher *Persée* (a), vous écrire, hier matin. Mais enfin, *Louis* (b) m'est venu de la ville, et a resté chés moi jusqu'à 4 heures de l'après midi, a faire des expéditions d'affaires, avec deux de ces amis, aussi 11.27.52.45,94. 16. (c) de *Bluet* (d), dont l'un sur-tout, me parait un homme de mérite, il se nomme 66.52. 45.56.25.99.23.56.14 10. (e) tous ont le plus grand desir de vous voir et irons chés vous incessamment! Ils m'ont rapportés les choses les plus satisfaisantes sur l'activité que *Bluet* (d) veut que l'on mette au *buisson* (f) et ce qui ne laisse pas de doutes,

---

(a) *Klinglin.*
(b) *Fauche-Borel.*
(c) Agens.
(d) *Wickham.*
(e) *Fenouillot.*
(f) Projet.

c'est l'ordre dont Louis est chargé pour 31.
89.11.66.89.14.18 (a) de donner plein cours
à la *capricieuse*, (b) j'attends déjà *Louis*
chés moi, ce soir avec 2.34.99.23.52. 16.
23.56.25.99..94.10. (c) QUE JE SUIS CHARGÉ
DE FAIRE PASSER A *FURET* (d), POUR
POINSINET (e), et ceci, mon cher *Persée* (f) n'est qu'un accompte de 5.31.52.
45.14.94.40.34.99.23. 52. 61. 66. 89. 11. 45.
31.94.50. (g) qu'on destine à la grande
œuvre; *Bluet* (h) a dit à *Louis* que depuis
que les intentions de *Poinsinette lui sont
bien connues, il ne dormais plus, par
l'effervescence que lui donne le desir du
succès. Il a écrit une lettre charmante* à
.Poinsinet, et lui a envoié *une très-belle
pipe, que j'ai expédié le matin*, j'ai vu
aussi copie d'une lettre qu'il a écrit au

(a) *Crafort.*
(b) A *l'argent.*
(c) DEUX MILLE LOUIS.
(d) *Demouget.*
(e) *Pichégru.*
(f) *Klinglin.*
(g) CINQ CENT MILLE FRANCS.
(h) *Wickham.*

3 *

Laurier (a) qui est pleine d'ame; et où il lui donne les plus solemnelles assurances qu'on fera *tout* pour lui et pour la réussité, de la *partie de billard* (b). Dieu des miséricordes, bénissez ces intentions, et les travaux de ceux, qui veulent le bien! nous pouvons donc être encore sauvés, et mon cœur jouirrais du délicieux plaisir.... de vous voir au rang de nos premiers libérateurs, car bien surement mon cher *Persée* (c), la patrie devra son salut pour grande partie, à la constance de votre travail, et aux moyens que vous avés fournis, quand on vous apprécie, vous honore, et vous aime, comme je le fais, on trouve un grand surcroit de bonheur, dans les événemens qui flattent notre espoir.

Les bons agens m'ont aussi apporté une grande caisse de différens excellens ouvrages, dont une grande partie de 66.52. 45.56.25.99.23.56.14 (d) à faire répandre dans l'intérieur, et que je ferai passer successivement. Il m'est venu en idée ce ma-

---

(a) *Condé.*
(b) La contre-révolution.
(c) Klinglin.
(d) *Fenouillot.*

(37)

tin, que nous irions bieu, et plus vite, si vous aviez la faculté d'en faire jetter aux avants postes; si cela se peut je vous en enverrai une bonne paccodille.

. Le transport de la *capricieuse* (a), qui doit passer par mes mains, m'a présenté des difficultés accompagnés de dangers! comment peut-il se faire quelle ne se trahisse pas, par son 67. 56. 99. 44. 15. (b) et pour lors un *peuplier* (c) infidèle viendrais nous dire, qu'il a encouru le péril d'être pris, et qu'il l'a abandonné au *Sauveur* (d). Je ne vois rien à répliquer là, mais après y avoir murement revé, j'ai proposé à *Louis* (e) de la remettre à mon *capitolain*, qui en serait porteur, jusqu'à 23. 11. 25. 14. 89. 52. 10. 89. 99. 36. 52. 15. (f) où se trouverait *Furet* (g) lui-même, ou un de ses bien affidés (h). Ma propo-

---

(a) *L'argent.*
(b) Poid.
(c) Espion.
(d) Rhin.
(e) *Fauche-Borel.*
(f) L'autre rive.
(f) *Demouget.*
(h) On verra, dans une des pièces suivantes, *Demouget* se concerter avec *Badonville* pour l'exécution de cette mesure.

sition a été très-goutée , et en conséquence, j'en ai déjà écrit ce matin à *Furet*. (a) m'approuvé vous , cher *Persée* (b) car je croirais toujours n'avoir rien fait de bien quand je n'ai pas votre attache.

Revenons présentement aux petits détails du ménage, *Louis* (c) a été chargé de dire qu'on fournirait aux *dez* (d), les arrérages dont je lui avais donné notte, de 888 l. pour décembre et janvier ; j'aurais 200 l. et plus s'il le faut, pour les mois subséquens ! une autre non moins bonne affaire , c'est qu'on paye les 23 louis à *Lindor* (e) qui a fourni sa notte à *Louis* (c), et que je tiens. Je pourrai l'arguer de faux, non je crois dans l'emploi des deniers, mais dans l'exécution de ces ordres ; il se plaint de moi dans les difficultés qu'il a trouvés a percevoir son paiement, et de l'aparent soupçon, que j'ai porté, sur la justesse de ces comptes, et finit par dire assés séchement au sujet de l'argent de mes effets

---

(a) *Demouget.*
(b) *Klinglin.*
(c) *Fauche-Borel.*
(d) Espionnage , correspondance.
(e) *Wittersbach.*

vendus, que je puis le retirer, s'il ne dois rien avoir sur son traitement! je lui dirai ma façon de penser avec modération, et je me dirai que je ne dois pas être excepté de la nombreuse classe, de ceux qui fonts des ingrats, quoiqu'il en soit, voila une bonne affaire finie, que l'acquittement de ce compte baroque. Un seul souci me tient à présent, et vous devéz le savoir, il n'y a pas de parité entre *Furet* (a) et *Lindor* (b), pour zèle, intelligence, et travaux, je crains que ce dernier n'aye parlé à *Louis* (c) fort ami de *Furet* (a), de son traitement; je me crois sure, qu'il ne se plaindra pas s'il en est instruit, mais enfin cela présente une injustice, que vous avez le pouvoir d'écarter en prenant sur ce qui va nous tomber, pour lui faire un traitement égal! il sera même bien touché mon cher *Persée* (d) si vous lui mandé, que vous avés appris par moi, tout récement, qu'il paye la pension de sa sœur au couvent *de Baaden*, et que vous voulés y contribuer;

***

(a) *Demouget.*
(b) *Wittersbach.*
(c) *Fauche-Borel.*
(d) *Klinglin.*

je n'ai pas craint, mon cher *Persée* (a) de vous faire cette représentation, parce qu'il m'est trop connu combien votre intention se dirige à encourager les bons, et à être équitable à tous (b).

J'espère que notre voie du *Rasoir* (c), ira mardi prochain et du suite, je tacherai de mettre le *Poivre* (d) en train ! faites moi la faveur de dire à ma bonne tante, que je compte sur l'indulgence de ses bontés, je souffre de ne pouvoir lui répondre, encore plus de ne pas la voir.. .. la bonne providence permettra peut être que ce moment ne sois plus si éloigné ! Soyés je vous en conjure, l'interprête de ma reconnaissance, et de mon tendre hommage pour elle, de toute mon amitié pour ma cousine, et agréez pour vous, cher *Persée*, (a) l'assurance invariable de tous ces sentimens réunis ; je me flatte, que vous serez

---

(a) *Klinglin.*

(b) Ce grand équilibre à établir entre *Furet* et *Wittersbach*, dépendait de 5o liv. de plus ou de moins par mois. *Wittersbach* touchait 15o liv. par mois, et *Demouget* n'avait que 1oo liv.

(c) Eschau.

(d) Wantzenau.

content de mon épitre, qui contient d'assés bonne choses, mais de grace dites moi donc aussi ce qu'il faut croire de nos versions de vos transplantations de *palmiers* (a).

J'ai envoié hier, sous votre couvert, au baron *de la Rochefoucault*, les papiers que *Serpes* a demandé, un livre de fortifications, et un paquet de journaux, ces deux derniers au *Laurier* (b); je suis bien contente de la satisfaction qu'il dois ressentir.

Mille choses S. V. P. aux deux cousins. Demain j'espère vous envoyer quelque chose de *Furet* (c).

(a) Généraux.
(b) *Condé.*
(c) *Demouget.*

PIÈCE 65ᵉ.

ORIGINALE, *de la main de la baronne* de Reich, *adressée à* Klinglin.

Le 28 février a midy. 113.

Hier , tout à la nuit, mon cher *Persée* (a), j'ai vu revenir *Courant* (b) : / *le Turc :* / au lieu de *Loüis* (c), ce dernier a été obligé de se rendre à *la Seringue* (d) chez / Cr 11 .66. 56. 89. 14. : (e) / en toute diligence, par ce que la *capricieuse* (f) qu'on croyait chez le *Laurier* (g) n'y *était pas* et qu'il faut aller la prendre là, malgré cela il eut voulu vous voir, on lui a fait envisager qu'il perdrait au moins 8 heures , et en pareil moment il n'a pû retarder. Je dois vous dire cela pour sa justification , il

---

(a) *Klinglin*.
(b) *Courant* de Neufchâtel.
(c) *Fauche-Borel*.
(d) Manheim.
(e) *Crafort*.
(f) L'argent.
(g) *Condé*.

espère être de retour mardy prochain
muni des *gallions*, qu'il m'apportera tout
de suite. J'ai oublié de vous dire dans ma
dernière que *Bluet* (a) a fait assurer le
Laurier (b) que rien ne devait arrêter la
partie du billard (c) qu'on était résolu
d'y mettre 10. à 12. 34. 99. 23. 99. 56. 45.
94. 40 (d), s'il le fallait, voilà ce qui s'appelle parler.

Rien ne changera le *Laurier* (b); tout
ce que je vois se plaint des mêmes reti-
cences, et je vois que pour avoir été trompé il se défie de tout le monde.

Je ne vous dépeindrai pas le *Turc* (e)
que je connais peu; il doit rester un cou-
ple de jours ici, puis se rendre aux avants
postes, je ne lui ai pas encore demandé
quelle y sera sa mission.

Lindor (f) nous disait *Pichegru* au *Dé-
sert* (g), *Furet* (h) au *Confessional* (i). Il

(a) *Wickham.*
(b) *Condé.*
(c) La contre-révolution.
(d) Dix a douze millions.
(e) *Courant.*
(f) *Wittersbach.*
(g) Blozheim , *chez madame Salomon.*
(h) *Demouget.*
(i) *Haguenau.*

est bien important de savoir ce que dira
Poinsinet (a) dans son *rendez vous*, j'espère que nous le saurons après demain.
Le *Laurier* (b) m'a envoyé votre paquet
par le *Turc* (c) je fais la plus grande diligence pour profiter de l'occasion du comte
Desgrigny aide de camp qui va partir.
Tendres hommages vous sont offerts, mon
cher *Persée* (d) par votre *Diogène* (e)
ainsi qu'à ma digne tante et aussi empres-
sées amitiés à la cousine et aux cousins.

Ne vous semble t'il pas que la machine
se monte bien.

(a) *Pichegru.*
(b) *Condé.*
(c) *Courant.*
(d) *Klinglin.*
(e) Baronne *de Reich.*

PIÈCE 162ᵉ.

NOTA. *Cette lettre est de Fauche-Borel ; elle est adressée au maréchal de Wurmser, qui, sans doute, aura gardé l'original.*

La copie *trouvée dans le chariot de Klinglin n'est pas de la main de Fauche-Borel ; elle est d'une écriture que l'on apperçoit pour la première fois.*

Offembourg le 20 avril 1796.

MONSIEUR LE MARÉCHAL,

JE me hate de faire parvenir à V. E. la dépêche reçue cette nuit de *Furet* (a), j'espere que les vives inquiétudes que lui cause la dénonciation faite contre lui relativement à la distribution dés *pieces de* 24 *sous* et de *l'écrit de son A. S.* (b) n'auront aucune suitte, et je ne pense point que cela puisse influer sur l'affaire,

____

(a) *Demouget.*

(b) Il parle de l'écrit du prince de *Condé.*

mais cette circonstance prouve à V. E. combien il importe d'éloigner tous les *petits moyens*, *toutes les mesures partielles*, ce sont elles qui nuisent et qui peuvent compromettre l'affaire principale.

V. E. sera convaincue que *Baptiste* (a) doit être arrivé maintenant au *Magazin n. 1* (b), ou doit y arriver à chaque instant. V. E. a jugé ce général comme il mérite de l'être ; aussi je ne doute pas qu'elle n'ait en lui la plus haute confiance, par la connaissance si intime que j'ai de la loyauté, du grand caractere et des talens rares de cet homme extraordinaire ; je ne crains point d'engager mon honneur que cet homme exécutera , avec le plus grand succès , l'affaire dont il s'occupe *depuis neuf mois révolus* (c) et que votre E. et les Autrichiens favorisent avec tant de grandeur d'ame, de noblesse et de désintéressement.

La gazette allemande de Strasbourg du

(a) *Pichegru.*

(b) A Strasbourg.

(c) Au moins neuf mois *commencés* , d'après la lettre du 14 et celle de d'*Antraigues.*

18 annonce l'arrivée prochaine de *Baptiste* (a) dans cette ville, elle rend compte d'un second *repas* (b) qui lui a été donné à Paris par les membres les plus marquants du Conseil des cinq cent et des anciens (*Tallien*, *Isnard*, *Louvet*, etc. au nombre de 50, ainsi que *Moreau* son intime ami, est-il dit, dans cette gazette.). Elle renferme les éloges les plus prononcés du mérite de la modestie et des rares talens de cet homme, ainsi que de la confiance sans bornes, que la totalité de l'armée et de la nation française a dans ce grand général.

- Le *Courrier de l'Égalité* de Paris du 13 et du 14 annonce positivement que *Baptiste* (a) a demandé *un délai pour se consulter sur l'acceptation de l'ambassade de Suede* et que ce général a annoncé qu'il allait passer quelques jours à *Arbois* (c) ou en Alsace.

Votre E. DAIGNA FAIRE ASSURER *BAPTISTE* (a) QU'ELLE VOUDRAIT BIEN CONTI-

---

(a) *Pichegru.*
(b) Le repas a été donné.
(c) Tous ces faits sont constans.

NUER LA TRÈVE ET NE PAS LA ROMPRE SANS SON CONSENTEMENT (a). V. E. sent de quelle importance il devient pour le succès de l'affaire que les Autrichiens n'ayent pas l'air d'être les premiers à attaquer. Je prends donc la liberté de suplier V. E. autant que cela est en son pouvoir, de différer, s'il est possible, la rupture de la trève jusqu'à ce que l'on ait des nouvelles positives et directes de *Baptiste* (b). Il est de toute impossibilité qu'avant un tres court délai, avant huit jours, au plus tart, *Baptiste* (b) n'aye fait connoître ses intentions à V. E. et ne lui ait communiqué les arrangemens *deffinitifs* qu'il aura pris à Paris et au *Magazin n. 1* (c). Je suplie de nouveau V. E. de me permettre de lui observer combien une mesure semblable est importante, et je prie V. E. de vouloir bien la prendre dans la plus grande considération.

L'armée du Rhin est dans un état absolu

(a) On verra plus bas que la trève n'a été rompue par les Autrichiens, avec une solemnité que cette intrigue seule peut expliquer, que d'après l'invitation pressante de *Pichegru*.

(b) Pichegru.

(c) A Strasbourg.

de desorganisation , le mécontentement y est porté à son comble, on invoque hautement l'arivée des princes et des Autrichiens comme libérateurs. *Baptiste* (a) jouit à Paris , au *Magazin* (b) , à l'armée et dans toute l'étendue de la France d'une confiance si grande qu'il m'est impossible de l'exprimer à V. E. *Moreau* son successeur au commandement général de l'armée du Rhin est l'ami intime de *Baptiste* (a) ; *Moreau* a servi sous *Baptiste* (a) dans l'armée du Nord. Il est positif et j'ai la certitude que *Moreau* a été instruit et mis par *Baptiste* (a) dans l'affaire dont celui-ci s'occupe. Tout, en un mot, se réunit aujourd'hui pour garantir le succès de l'entreprise pour peu qu'on veuille attendre et suivre les instructions de *Baptiste* (a), cet homme à qui il ne resterait d'asile , ni dans la République , ni hors de la République , s'il n'éxécutait pas son entreprise , car la République ne pourait sous aucun raport lui pardonner de l'avoir trahie pendant *neuf mois*, et la cour de Vienne, la cour d'An-

---

(a) *Pichegru.*
(b) Strasbourg.

gleterre, et les princes français ne pourraient pardonner à ce général de les avoir joués et bercés de fausses espérances pendant *neuf mois* consécutifs (a).

J'ai la certitude acquise, monsieur le maréchal, par tout ce que *Baptiste* (b) m'a laissé entrevoir dans *ses conversations* (c) qu'il avait un parti formidable à Paris. J'ose garantir V. E. *que ce général a tout concerté à Paris ; qu'il a pour lui des Membres même du Directoire ; que* toutes les démarches de *démission* et d'am*bassade* n'ont pour objet que d'écarter les soupçons, de se ménager les moyens d'arriver comme il le desire *au Magazin n.* 1 (d).

Monsieur le maréchal, je n'ajouterai qu'un mot (et V. E. en sentira la force) *Baptiste* (b) *a reçu au moment de monter en voiture pour Paris et en annonçant*

(a) Ces dates et ces réflexions, qui se retrouvent dans la lettre du 14, qui est de *Fauche-Borel*, suffiraient pour faire prononcer que cette *seconde à Wurmser* est de la même fabrique.

(b) *Pichegru.*

(c) Cette observation détermine à penser que l'auteur de la lettre est *Fauche-Borel.*

(d) A Strasbourg.

qu'il avoit sa démission toute prête., 900 louis (a) de M. Wickham et de Mgr. le prince de Condé pour l'aider dans son voyage.

D'après toutes ces considérations, V. E. sentira de quelle importance il est d'attendre encore quelques instants ; d'avoir la connaissance des arrangements pris par *Baptiste* (b). Si votre E., si les Autrichiens daignent continuer à favoriser ce général, je ne doute point que le cabinet de Vienne et les invincibles troupes autrichiennes, n'ayent la gloire de terminer bientôt la guerre la plus sanglante et la plus douloureuse pour l'humanité qui ait jamais eu lieu, et que *François Second* ne soit bientôt proclamé le pacificateur et le consolateur du globe (c). La gloire dont V. E. va

---

(a) Les lettres de *Demouget* avaient jusqu'à ce moment annoncé qu'il avait reçu de l'argent ; on pouvait deviner par les envois que la somme devait être d'un millier de louis ; *Fauche-Borel* avait, dans sa lettre du 14, parlé de quelques *misérables rouleaux* : enfin nous savons aujourd'hui que c'est 900 *louis*.

C'est parce que *Condé* avait fourni partie de ces 900 *louis*, qu'on le voit depuis de si mauvaise humeur lorsqu'on veut lui demander de nouveaux fonds.

(b) *Pichegru.*

(c) Le prophète-imprimeur-libraire-courtier de contre-

se couvrir dans ce moment unique, dans
l'histoire des nations, n'aura point d'égale,
et ce sont les bénédictions générales de
tous les peuples qui deviendront la récom-
pense de votre excellence.

Permettez que je supplie V. E. de dai-
gner faire donner connaissance de la présente dépêche à Mʳ. *Craffort*, n'ayant pas
le temps de lui écrire, et voulant diminuer
autant que possible, le service des ordon-
nances, je dépêche à Mʳ. *Wickham* pour
l'informer des demandes que je prends la
liberté de former auprès de V. E.

J'ai écrit (a) une lettre très raisonnée à
Baptiste (b) sur la situation actuelle des
choses pour lui être remise à l'instant de

révolution *Fauche-Borel*, ne s'est pas entièrement trompé
dans sa prédiction ; et *la paix est signée avec l'empereur :*
mais *Fauche* disait que *Wurmser* en dicterait les conditions
dans le cœur de la France ; *Bonaparte* les a fait accepter en
pénétrant dans le cœur de l'Allemagne : ce *bon Fauche* ne
s'est trompé que de *Bonaparte* à *Pichegru*, et de *Vienne* à
Paris. On assure que le *bon Fauche* ne se tient pas pour
battu , et qu'il *prédit* encore à *Neufchâtel*.

(a) On voit par ce qui a été dit plus haut, par cette phrase ,
et par tout ce qui précède, que si *Pichegru* écrivait peu de
lettres à l'enemi, il en recevait beaucoup de lui.

(b) *Pichegru*.

son arrivée, afin qu'il informe sur le champ votre Excellence des arrangements qu'il a pris et de ses intentions définitives.

Permettez moi de supplier votre E. de vouloir bien considérer combien il importe que l'armée de Mgr. le prince *de Condé* ne soit point déplacée (a) jusqu'au nouvel avis de *Baptiste* (b). Ce général compte positivement sur la position que cette armée occupe aujourd'hui.

(a) Qu'on se rappelle que *Pichegru* a déclaré plusieurs fois à *Demouget* et à *Fauché-Borel*, que, pour le succès de sa trahison, *Condé* était bien placé où il était, et l'on ne sera pas étonné que *Fauche* insiste pour que la position de *Condé* n'éprouve aucun changement.

(b) *Pichegru,*

186ᵉ. PIÈCE.

Nota. *Cette lettre, la plus importante de toutes celles contenues dans ce recueil, est de Demougé.*

Elle était adressée au bureau présidé par la baronne de Reich, à Offenbourg.

La copie trouvée dans le chariot de Klinglin, est entièrement de la main de Fauche-Borel.

Copie *de la lettre de* Furet (a) *du 2 mai 1796 à* Laurier (b), Persée (c), Diogène (d) *et* Louis (e).

Réjouissez vous enfin, la *Chere Zede* (f) vous est rendue plus belle, plus aimable et sur-tout plus savante que jamais ; *Coco* (g) n'étant pas encore ici, j'ai pris hier le

---

(a) *Demouget.*
(b) *Condé.*
(c) *Klinglin.*
(d) La baronne *de Reich.*
(e) *Fauche-Borel.*
(f) *Pichegru.*
(g) *Badonville.*

parti de faire remettre à *Zéde* (a) adroite-
ment une *oublie* (b) par mòn *gendarme*.
Un *oui* m'a indiqué le rendez vous pour
ce matin, à la campagne ; je m'y suis rendu
comme bien vous pensez de bon matin et
jai eu la vive satisfaction de l'embrasser.
Notre conférence a été de trois heures.
On a beaucoup a dire quand on aime ; et
quoique nos affaires à Paris ne soyent pas
au point ou *Zéde* (a) et nous tous nous
l'eussions desiré pour les intérests de notre
Grand Bourgeois (c) ; vous n'en admire-
rez pas moins les sages et vastes calculs de
cette *aimable fille* (a), qui, maintenant,
m'a amplement communiqué son plan et
décidément fixé les opérations à entamer.

J'ai obtenu de *Zede* (a), vû la haute
conséquence de la chose et l'extrême res-
ponsabilité qui pese sur mes écrits, la pro-
messe de rédiger allégoriquement la subs-
tance de ce qu'elle ma dit, sauf à la copier.
Peut-être aussi, aurai-je *un tout petit mot*

(a) *Pichegru.*
(b) Lettre.
(c) Le Prétendant.

de sa main, ce que je souhaite bien; en
attendant, je vais vous rendre compte de
ce que l'aimable *demoiselle* (a) m'a dit.

À son arrivée à Paris le Directoire
lui a écrit, comptant tirer d'elle une réponse à publier, pour montrer qu'il a sa
confiance. Z (a) au bout de huit jours seulement, répondit d'une si singulière manière que cet écrit ne fut pas ostensible.
Le Directoire en fut piqué et montra son
déplaisir à Z (a), qui, loin de s'intimider,
prit un ton qui lui en imposa. En général
tous les Gouvernans *la* craignent parce
qu'*elle* a tout Paris, bons ou mauvais,
pour partisans. Z (a) pendant son séjour,
s'est appliquée à connaître à fond l'esprit
public, elle y est parvenue, mais elle avoue
qu'elle ne s'attendait pas à le trouver encore si erronné : généralement tout ce qui
n'est pas *jacobin demande le gouvernement d'un seul* (b) *Les grosses têtes même
et le Directoire en voyent le besoin et le
desirent*, mais on est bien divisés sur le
choix à faire. La très-grande pluralité (ce

(a) *Pichegru.*
(b) Etaient-ils donc dans le secret de *Pichegru*, les hommes
qui proscrivaient les *jacobins* en masse !

qui a étonné Z (a) est pour *Orléans. Carnot du Directoire même en est le plus zélé partisan.* La mere d'Orléans qui est à Paris, et que Z (a) a refusé de voir, a l'air de s'y refuser, disant que son fils serait assassiné le lendemain de sa promotion. Enfin les gens sensés que Z. a vu en grand nombre conviennent tous qu'il y aurait une guerre civille interminable, si *d'Orléans* ou le *Grand Bourgeois* (b) étaient d'abord installés ; elle ajoute aussi qu'il est plus qu'evident pour elle , que le sang coulerait plus fort que jamais , *si ce dernier* (b) rentrait sans *paliatifs et avec l'intention prononcée* de se remettre comme il était. Z (a) assure qu'il faut au *Bourgeois* (b) la plus haute *philosophie* pour ne pas heurter les opinions d'un siecle erronné et perverti (c); que ce n'est que par

---

(a) *Pichegru.*

(b) Le Prétendant.

(c) Quoi ! *Pichegru* en était arrivé à ce point de dépravation , qu'il regardait comme *erroné* et *perverti* le sentiment de ceux même qui , voulant un roi, le voulaient au moins *constitutionnel !* Ce traître voulait le *despotisme* plein, la royauté de Louis XI. Nous aurons occasion de faire remarquer que les *trophées d'Italie* poursuivaient *Pichegru ,* le faisaient délirer de jalousie.

le tems que tout peut se *rectifier*, qu'il faut sur-tout *assurer*, et *pénétrer tout le monde d'un pardon général*, sauf à sevir sil le faut quand on sera une fois solidement établis ( ). Toutes ces considerations qui ne sont pas aussi favorables que Z. (b) s'y attendait, lui ont fait décidement jetter son plan, qui, à son avis et à celui des plus zèlez pour le *Grand Bourgeois* (c) *auquel il l'a communiqué*, ne peut être que le seul qui puisse donner tout l'avantage qu'il y a à espérer pour le *Grand Bourgeois* (c) et déjouer les *d'Orléans*, qui font nécessairement couler un argent plus immense dans toutes les veines de la grande cité ; argent qui, dit Z. (b) ne peut être fourni que par un état étranger et qu'on devrait sous main tascher de rendre nul (d).

(a) Lecteurs, ouvrez l'histoire d'Angleterre ; lisez les règnes de *Charles II* et de *Jacques II*, et vous retrouverez les mêmes promesses, les mêmes maximes..... Vous verrez, quarante ans après le juste supplice de *Charles I*, mistriss *Gaunt*, veuve d'un des juges de ce dernier, brûlée vive à 82 ans, pour avoir donné asile à un proscrit.... O vengeances des rois.....!

(b) *Pichegru.*

(c) Le *Prétendant.*

(d) Ils étaient donc dans les secrets de *Pichegru* les hommes qui criaient si fort alors à l'*Orléanisme* ; ils voulaient donc aussi, comme ce traître, donner le change, et

Voici donc ce que Z. (a) juge à propos de faire. D'abord *les* Y (b) *doivent rompre aussitôt la trêve ; attendre les dix jours et pas une minute de plus ; fondre dessus l'ennemi avec une impétuosité aveugle, et telle, qu'elle produise aussi tôt des succès marquants, ne pas cesser de poursuivre.* Mettre le *Bourgeois* (c) et *les siens dans des positions telles,* que si même il était forcé d'agir, que *les notres voyent evidemment qu'ils cherchent à ménager leurs compatriotes cela est nécessaire,* et battre si possible, sur tous les points. *Le résultat de cela sera, sur de solides raisons de probabilité,* qu'a *Baptiste* (a), *qu'il sera rappellé à la tête de son armée pour arrêter les progrès de l'ennemi. Alors Baptiste* (a) *demandera une trêve, et les Autrichiens l'accorderont, en déclarant qu'ils sont intentionés de ne traiter qu'avec Baptiste* (a) *seul. De cette* combinaison dit Z. (a) *il résultera un coup de theatre*

---

nous conduire au Prétendant en ayant l'air de nous faire *éviter d'Orleans.*

(a) *Pichegru.*
(b) Les Autrichiens.
(c) Le *Prétendant et Condé.*

imprévu, mais qui me paraît, d'après l'assurance avec laquelle Z. (a) me l'a dit,
calculé avec étendue, *chez une partie ma-*
jeure des Gouvernants, *et du Directoire*
même. *Ce coup de théâtre sera qu'on ap-*
pellera Baptiste (a) *à la Dictature* (b).
Alors il est évident que toute concurrence
de parti cesse. Les *Orléans* seront déjoués,
et *Baptiste* (a) environné d'une confiance
illimitée fondée sur l'estime qu'on a de
lui, proclamera l'*ultimatum* de la volonté.
Il nous est aisé de concevoir que les interests du *Grand Bourgeois* (c) seront en
très bonnes mains et *Baptiste* (a), sans
doute bien fondé, croit ce plan imman-
quable, où, comme on le voit, tout dépend maintenant des *Y* (d).

______

(a) *Pichegru*.

(b) Certes, aujourd'hui un pareil projet peut provoquer
le rire du mépris ; mais qu'on se reporte au temps où *Pi-*
chegru s'expliquait ainsi ; qu'on examine avec quelle basse
et universelle idolâtrie ce traître était apothéosé dans tous
les cercles, dans tous les journaux, par tous les contre-
révolutionnaires et toutes les dupes, et l'on conviendra que
ce projet de dictature était arrêté entre les meneurs des
Conseils lorsque *Pichegru* revint en *Alsace*.

(c) Le *Prétendant*.

(d) Des *Autrichiens*.

Z. (a) rejette absolument comme nuisible aux grands interests, toutes tentatives partielles qui attireraient des forces énormes et terassantes, qui n'entraineraient que des torrents de sang et une scission indéfinie.

Voilà ce que m'a dit *Zede* (a) dans ce premier entretient ; elle m'en a promis un second, dans peu, ce sera alors sans doute son allégorie qui amplifira ce que j'ai dit. *Zede* (a) ne restera pas longtemps chez nous ; elle ira chez *elle* (a) pour voir ce qui se passe. *Je lui ai promis de lui donner les noms de ceux du Jura auxquels il peut surement s'adresser. Je le puis ;* mais, pour être plus sur de mon fait, il serait prudent que le *Bourgeois* (b) *m'en transmette aussi* au plus tôt. Je tacherai que *Baptiste* (a) me donne de ses nouvelles de la, à cet effet je lui proposerai *le chiffre en musique ;* et il enverra ses nouvelles par agent particulier.

Baptiste (a) ne sait absolument rien *du*

(a) *Pichegru.*
(b) *Condé.*

vieillard de Hagueneau (a). Il juge comme vous que c'était un piège dont il s'inquiette peu. Il fallait seulement retenir le vieux pendar.

Z. (b) se plaint d'indiscrétion. Le *Directoire* lui a dit que *le nommé Bassal qui était à Bâle*, l'a dénoncé pour être en intelligence *avec le Laurier* (c) et qu'il en avait les pieces *probantes* en mains.

A Châlons on lui a tenu d'autres propos. Z (b) ne se loue pas de la discretion des emigrés : elle trouve aussi que notre manière d'ecrire *en blanc* (d) est tres mauvaise, etant tres connue ; elle ma conseillé le chiffre [ici (e) se trouve une lacune de 18 lignes dans la lettre originale écrites l'une sur l'autre et qui sont illisibles].

______

(a) *C'est ce vieillard dont il est parlé dans les dernières lettres de mars*, qui avait annoncé à *Klinglin* et à la baronne *de Reich* que *Pichegru* venait *incognito* les trouver *outre Rhin*.

(b) *Pichegru*.

(c) Il paraît que *Bassal* n'était pas mal instruit.

(d) Avec de l'encre de *sympathie*.

(e) Cette observation est dans la pièce même. Il paraît que l'original était écrit en encre sympathique ; et il arrive souvent à ceux qui s'en servent, ou de ne point écrire du tout des lignes entières, ou de les surcharger de manière à les rendre illisibles.

Présentés au *Grand Bourgeois* (a) les sentimens de zele et de dévoüement qui vous sont connus.

La troupe file vers *le Bas* (b). La 25.ᵉ demi brigade venant de Huningue passa par ici.

Que pas un mot de ceci ne transpire des cabinets de *X.* (c) et *Y.* (d)

Je n'écris pas directement *au premier* (e) à cause du chiffre que je mets sous le blanc et que *Diogene* (f) traduira *à Louis* (g) et il ira l'expliquer au *Laurier* (h).

Nous remarquons que la force majeure des notres sera *à Sambre et Meuse* ; mais *attaquez par-tout. La Mariée* (i) que Z (k) dit n'être pas tout a fait de son genre, est allée hier a Tréves pour se concerter avec *Jourdan*, que *Baptiste* (k) dit

---

(a) Le *Prétendant.*
(b) Le Bas-Rhin.
(c) Émigrés.
(d) Les Autrichiens.
(e) Aux *X*, c'est-à-dire, à *Condé.*
(f) La baronne *de Reich.*
(g) *Fauche-Borel.*
(h) *Condé.*
(i) Le général *Moreau.*
(k) *Pichegru,*

être fort douteux. Le bruit courre que nous avons levé la trève, je le voudrais. J'ai oublié de dire que le *Banquier* (a) ma assuré qu'il n'a pas encore accepté l'ambassade.

On parle ici de faire sortir de la citadelle tous les habitans bourgeois, on craint vos ouvrages de Kelh.

La fixation au complet des régimens de cavalerie est de 53 chevaux. Dans le haut Rhin les chevaux ont une épidémie. Dans ce moment point d'avoine, ni foin *au Magasin* (b). Z (a) trouve que la mort de *Charette et les succès d'Italie font du mal et enflent nos drôles.*

Letat des magasins de foin, à *Pirmassens*, une des plus considérables divisions, montait hier à 75 quintaux. Les chariots de réquisition qui vont dici à Lunéville chercher des fourrages reviennent à vuides.

Voici un état de nos deux magazins de siege d'ici ; notés qu'ils fournissent pour le courrant au 12 floréal.

(a)*Pichegru.*
(b) Strasbourg.

Bœuf salé. . . . . . . 278683 liv.
Lard salé. 16599
Vin. . . . . 227574 pintes.
Eau de vie. 44205
Vinaigre. . . . . . . 312921 *id.*
Sel. . . . . 9990 . . .
Pipes de terre. . . . 61355
Tabac à fumer. . . 75553
A jeudi soir pour d'autres nouvelles.

197°. PIÈCE.

Nota. Cette lettre est de Demougé, adressée à tous ceux qui sont dénommés en tête de la pièce, et spécialement à Fauche-Borel.

L'original sera sans doute resté dans les archives de la baronne.

La copie trouvée dans les papiers de Klinglin est de la main de Louis Fauche-Borel.

Copie *de la lettre de* Furet (a) *à* Laurier (b), Diogène (c), Persée (d), Louis (e), Bluet (f), Pinaut (g).

Du 10 mai 1796.

Hier matin j'ai passé 2 $\frac{1}{2}$ heures avec notre chère *Zede* (h); elle me fait tou-

---

(a) *Demougé.*
(b) *Condé.*
(c) Baronne *de Reich.*
(d) *Klinglin.*
(e) *Fauche-Borel.*
(f) *Wickham.*
(g) *Montgaillard.*
(h) *Pichegru.*

jours le même plaisir par sa prudence et l'étendue de ses vues qui embrassent le mode d'une réintégration pleinière de notre *auguste* (a). Elle m'a répété et confirmé ce qu'elle m'a dit dans ma dernière séance ; elle m'assure qu'elle n'a pas d'autres moyens que ceux quelle a indiqué, qu'il fallait que les *Y* (b) se hatent de commencer pour ne pas être prévenus par *Jourdan* et *la Mariée* (c) qui *doit former son rassemblement le 28 floréal* et agir *le 8 prairial* (27 mai) d'après le résultat de la conférence de *Jourdan* et de *la Mariée* (c) ; qu'on doit user de tous les moyens, et sur autant de points possibles, pour gagner du terrein ; qu'on ne devra plus discontinuer *jusqu'à ce que Baptiste* (d) *soit rappellé au poste utile* (e) et *il ajoute , en réflexions sur ce que lui*

(a) *Sous-entendez* Monarque.

(b) Les Autrichiens. On remarque sans doute qu'autant, avant son départ pour Paris , *Pichegru* insistait pour que la trève fût observée et prolongée , autant depuis son retour il presse pour sa rupture.

(c) Le général *Moreau.*

(d) *Pichegru.*

(e) On n'a pas oublié que ce poste utile est *la Dictature.*

5.*

a fait dire Bourgeois (a) que l'influence
qu'il a sur les meneurs (b) et sur-tout le
Requin (c), n'est pas de nature à pouvoir
oser les porter à abandonner le N.º 1 à
Bourgeois (d) ; qu'une ouverture de ce
genre lui oterait évidement et sans succès
la confiance qu'on a en lui, et dont, d'après
le plan qu'il a transmis , il ne peut se servir efficacement que *lorsqu'il aura le pou-*
voir en mains ; que dans ce moment ci,
il est infiniment essentiel de ne pas considérer les choses en petit.

Que *N.º 1* (e) n'est qu'un faible acces-
soire au résultat qu'il mérite. — Que d'ailleurs si les *Y* (f) poussent vigoureusement,
coupent l'armée de manière que *N.º 1* (e)
reste isolé , il pourra être emporté par la
présence seule de *la Marquise* (g) et par
une suitte naturel'e des opérations, *vû qu'il*

(a) La lettre de *Klinglin* annonce déjà que le *Prétendant*
avait instruit *Pichegru* de ses intentions.

(b) Des conseils, sans doute ?

(c) Le *Directoire.*

(d) Toujours le premier projet de *Condé ;* projet qu'on re-
trouve en entier dans la lettre de *d'Antraigues*, et qui ten-
dait à se mettre en possession de Strasbourg.

(e) Strasbourg.

(f) Les Autrichiens.

(g) Le *Prétendant.*

est dépourvû de tout (a) et qu'à mesure que les succès des *Y* (b) seront marquants, il est probable que les individûs portés pour *le grand Bourgeois* (c), et disséminés maintenant dans *N.º 1* (d) se lieront et formeront un noyau , dont on usera de toutes ses forces pour remplir les vœux du *grand Bourgeois* (c) et les nôtres. Cela ne serait pas alors une opération partielle ; *Baptiste* (e) ne serait pas compromis , et, mieux que cela encore, c'est que son plan s'en accomplirait mieux et plus vite ; car il est évident que s'il se mêlait de faire livrer une place (ce qu'il est impossible de faire secrettement et sans soupçons) , *les gueux se garderaient bien de le mettre à un*

(a) Ce dénuement absolu de toutes les places fortes , la consommation folle de tous les approvisionnemens de Strasbourg , Landau , etc. , entraient dans le plan de la trahison de *Pichegru*. Voyez, dans le *Rapport sur cette correspondance* avec quelle opiniâtreté *Pichegru* résista aux conseils de tous les généraux qui voulaient arracher le soldat à la misère , en faisant cantonner l'armée dans l'intérieur pendant la trève.

(b) Les Autrichiens.

(c) Le *Prétendant*.

(d) Strasbourg.

(e) *Pichegru*.

poste, où il pourrait livrer bien d'autres choses.

L'acquisition du *N*.o *1* (a) dépend donc de la véhémence des *Y* (b). Le premier choc peut être meurtrier ; mais qu'on ne recule pas, qu'on persévère : la première trouée faite, le succès est certain et le *grand Bourgeois* (c) aura tout ce qu'il voudra. Z (d) recommande au *grand Bourgeois* (c), comme étant de la politique la plus essentielle, de n'avoir, dans tout ce qu'il dira ou fera, jamais l'air de tenir à ses anciennes prétentions. *Le tems viendra où il pourra vouloir efficacement tout.*

La majorité veut un maître, mais il lui *importe peu lequel*, pourvû que la tranquillité s'en suive ; mais la plupart des gens pensants, qui ont donné dans la révolution, qui en sont revenus, et qui peuvent encore avoir une influence, *si le dictatoriat ne les paralise pas.*, tiennent plustôt à *Orléans* qu'au *grand Bourgeois* (c). D'abord parce qu'ils sont per-

---

(a) Strasbourg.
(b) Les Autrichiens.
(c) Le Prétendant.
(d) *Pichegru.*
(e) Il n'est pas besoin qu'on explique pourquoi l'ambitieux

suadés qu'au prix d'une couronne, il ne refusera pas de s'assujétir à des regles constitutionnelles, et sur tout parce que le reproche du crime *leur crie incessamment que tôt où tard les bourgeois* (a) *se vengeront* ; et il est impossible d'arracher ce sentiment du cœur des sélérats qui ne croyent pas à la vertu. *Baptiste* (b) recommande donc d'attaquer par tout, où l'on pourra ; de se nantir d'autant de terrein qu'il sera possible, jusqu'à ce que Z (b) *vienne y mettre ordre*; elle ira en *attendant dans le Jura sur lequel je lui ai donné des rênseignemens dont elle est contente, elle y dirigera les mesures convenables qui doivent harmoniser avec ce qui se passera ici* (c). Dela, cela ira *peutêtre au Lyonais*, elle verra peut-être *le capitaine Roland*; j'envoie en avant de *Zede* (b) à Dole, le jeune *Holbang*, dont

---

Pichegru, voulant jouer le rôle de *Monck*, donne tant d'importance à la chimère du parti d'*Orléans*.

(a) Le *Prétendant* et les *princes*.

(b) *Pichegru*.

(c) Aussi, nous le répétons, c'est dans le Jura que *Pichegru* a été nommé.

le *frere émigré*, *rentré* et *caché agit acti-*
vement avec Finot. Je l'envoye pour qu'aussitôt Mademoiselle Zede (a) ait un homme
sûr, duquel elle puisse recevoir les renseignemens ultérieurs (b). Je lui ai fourni
un cheval et de l'argent. Je vous avais
demandé *les noms des principaux* agents,
mais discrets, *qu'employent Bourgeois*
(c) et *Bluet* (d) dans ces départements,
pourquoi ne les avez vous pas envoyés :
faites le avant le départ de Z (a).

Le *Banquier* (a) m'a fait espérer quelque chose de sa main, peut être seulement
pour le premier courier : j'ai trouvé moyen
de lever ses scrupules, qui lui fesaient dire
qu'un seul mot peut tout gater, au moyen
d'un chiffre qui lui a plû; et ce matin
encore il a dit à *Coco* (e), que j'y avois
envoyé, qu'il lui falloit un peu de tems,
et qu'il y travailloit; il est vrai que ce

(a) *Pichegru.*

(b) C'est avec ces intrigues, c'est par le soin de ces émigrés rentrés, c'est par l'argent de l'Angleterre, que le
Jura est devenu un foyer de contre-révolution.

(c) *Condé.*

(d) *Wickham.*

(e) *Badonville.*

chiffre est peu long à écrire ; mais enfin j'espère qu'il enverra quelques rédactions de ses idées écrites de sa main (a), en attendant Z (b), j'espère que vous et votre ami l'*Amour* (c) aurez rendu compte au *grand Bourgeois* (d) des *diverses conversations* (e) *que vous avez eu avec elle*, elles lui expliqueront les raisons de prudence et de nécessité que Z (b) a eu pour ne pas écrire ; et le *grand Bourgeois* (d) aura bien jugé en conversant avec vous que les intentions de Z (b) sont entièrement dévouées à sa personne. Il est essentiel, m'a dit Z (b), que le *grand Bourgeois* (d) né quitte pas le poste où il est (f). La grande sensation qu'il a faite prouve la nécessité de ne pas quitter ce poste : ce qui détruirait toutes les bonnes dispositions qu'on montre ici pour lui, et qui

---

(a) Voyez copie de cette lettre sous le n°. 206.

(b) *Pichegru.*

(c) *Courant.*

(d) Le *Prétendant.*

(e) Cet avis de *Demougé* s'accorde parfaitement avec ce que dit *Montgaillard*, dans la lettre de *d'Antraigues*, des conférences que *Fauche* et *Courant* avaient eues avec *Pichegru.*

(f) A l'armée de *Condé.*

augmentent chaque jour, ce qui nuirait en même tems aux *Y* (a) dans ce pays-ci.

Coco (b) vient de me dire aussi qu'on croit décidément que nous allons ouvrir la campagne, et que nous pourrons bien tenter des hostilités dans le haut. Il est instant que les *Y* (a) soient offensifs puisque jamais la deffensive ne leur réussit.

On radoube à force les pontons ici ; il y en a en de tout prêts 108, tant bateaux à pontons qu'à rames, de 40 à 50 hommes ; les hacquets ne sont pas ici, les bateaux de cuivre sont dans les hangards. Il est vrai que la troupe doit être payée en numéraire, du produit, sans doute, des promesses de mandats vendus par le gouvernement à 8 liv 10 sous pour cent. En tout et partout, le soldat doit recevoir $2\frac{1}{2}$ sols ; le général en chef 60 liv. par mois, et l'officier 26 liv. , mais la troupe ne touche encore rien de cela, et elle sçait que ça ne tiendra pas.

L'apparition *du grand Bourgeois* (c) *au*

(a) Les Autrichiens.
(b) *Badenville.*
c) *Le Préndant.*

(75)

Sauveur (a) a fait une grande sensation ; c'est déja le propos de tous des cantonnemens. *Il est courageux*, disent des gueux, *de s'être montré*, *il ne craint donc pas le coup de fusil qu'il aurait pu recevoir*; ce qu'a dit *le grand Bourgeois* (b) aux volontaires a inspiré de l'entousiasme. Avant hier matin à neuf heures, un chasseur cantonné à Blaisheim a coupé l'arbre de la liberté; on n'a pas osé emprisonner l'homme; le juge de paix a seulement dressé procès-verbal.

J'ai encore demandé a *Z* (c) ce qu'elle pensait de la *Mariée* (d). Elle m'a dit *qu'il ne fallait pas faire de tentative sur elle*, *mais que si elle* était-frottée par les *Y* (e) elle serait disposée à tout faire.

(a) C'est cette apparition prétendue dont tous les journaux de *Wickham* firent alors de si touchantes relations ; on se rappelle, sans doute, les beaux discours que les journaux mettaient dans la bouche de ce nouveau *Jean Sans-terre*, et comment ils faisaient applaudir à ces beaux discours par des volontaires qui les entendaient d'une rive du Rhin à l'autre rive....

(b) Le *Prétendant*.

(c) *Pichegru*.

(d) *Moreau*.

(e) Les Autrichiens.

Le portrait de *Z* (a) existe en gravure;
je le lui ai demandé, et elle me l'a promis
avec son buste, qui, dit-elle, est tres res-
semblant.

J'ai comme de coutume demandé au
Banquier ( ) s'il avait besoin d'argent, il
m'a répondû comme toujours, que non;
Mais je verrai quand j'irai dans le Jura.

Est-il vrai que l'Angleterre n'épaule plus
les *Y* (b)! nos gueux le disent ici, je ne le
crois pas, ni *Z* ( ) non plus; d'après la
manière dont *l'excellent Bluet* ( ) *a épaulé
cette affaire* ses secours sont plus que jamais nécessaires. *Z* (a) pense que vous aurez été envoyé à *Antoine* (d) pour lui communiquer ses dispositions, d'après les-
quelles, il faut bien se concerter, c'est essentiel. L'*aimable Zede* (a) prie *Cesar* (e)
et *Persée* (f) de recevoir ses complimens
et salutations.

Dès que vous m'annoncés de la *bijou-*

(a) *Pichegru.*
(b) Les Autrichiens.
(c) *Wickham.*
(d) L'archiduc *Charles.*
(e) *Wurmser.*
(f) *Klinglin.*

terie (a), *Duretour* (b) se rendra au bord du *Sauveur* (c) au poste du *Rasoir* (d), avisez moi du jour où il devra s'y rendre.

Ci joint un dialogue du *Crocodile* (e), voyez s'il est bon, et tâchez de faire imprimer ses *prophéties* auxquelles il tient ; le manuscrit a été remis au *Bourgeois* (f) qui vous le rendra pour le faire imprimer.

Vous me retournerez les papiers de *Philipe* (g) que vous avez laissé au *Bourgeois* (b) et ferai payer d'ici à Basle, ce qu'il y doit, de concert avec les amis ; puisque ce paiement pourrait vous compromettre.

(a) De l'argent.

(b) *Mandel.*

(c) Du *Rhin.*

(d) Eschau.

(e) *Gomart.*

(f) *Condé.*

(g) *Tugnot*, des lettres-de-change, ou des effets qu'il fallait acquitter à Bâle, pour les 4000 l. prêtées par *la Hirne.*

222e. PIÈCE.

NOTA. *Originale de la main de* Montgaillard, *adressée à la baronne de* Reich.

Sa suscription est, A madame, madame la baronne de *Reich*, née baronne de *Boecklin*, à Offembourg, par Rastadtt.

Le cachet est conservé.

J'AI vu, madame *la baronne* (a), hier au soir et ce matin la personne qu'il était essentiel de voir ici et je n'ai rien négligé pour lui inspirer en faveur de *Baptiste* (b) *l'absolue* confiance qu'il faut *necessairement* avoir dans cet homme rare. Il m'a paru qu'on sentait bien cela et qu'on voulait se conduire d'après les données de son caractère et de ses talens ; j'ai écrit ce matin à *Antoine* (c) et à *son bras droit*, et je me suis mis en quatre pour les maintenir dans les excellentes dispositions où je

(a) La baronne *de Reich.*
(b) *Pichegru.*
(c) L'archiduc *Charles.*

crois véritablement qu'ils sont. Le voyage de *Louis* (a) a opéré un grand bien , et il était d'une nécéssité majeure. Je partirai décidément demain soir , à moins que *César* (b) ne me retînt , ce que je ne prévois nullement utile. Il m'a donné heure ce soir et je vous promets de lui parler de son *immortalité future* avec toute la chaleur qui peut dépendre de moi.

J'espère avoir le plaisir de rendre compte à *Persée* (c) vendredy soir ou samedy au plus tard de bien des choses *particulieres* qui le concernent et des détails qu'il est important qu'il sache ; c'est à *Persée* (c) qu'il faut rapporter tout ce qu'on a fait d'excellent ici , et chez *Antoine* (d) , ses avis et ses lettres ont décidé bien des choses. J'aurai l'honnenr de vous saluer et de vous remercier de toutes vos bontés en sortant de chez *Persée* (c).

Vous jugez parfaitement , madame *la*

(a) *Fauche-Borel.*
(b) *Wurmser.*
(c) *Klinglin.*
(d) L'archiduc *Charles.*

baronne (a), combien il est urgent de donner une confiance *absolue* et sans bornes à *Furet* (b) et à *Baptiste* (c) dans *César* (d) et *Antoine* (e). Je desirerais bien que vous voulussiéz bien écrire vous même à *Furet* (b) et *Baptiste* (c) que ce dernier n'a aucun obstacle ni retard à craindre, et qu'on est fermement résolu à le seconder par tous les moyens possibles ; il faut lui en donner l'*assurance formelle*, donnée par *Antoine* (e). C'est la vérité, et on ne saurait trop en pénétrer *Baptiste* (c) ; votre excellent jugement reconnaît combien il est urgent de talonner sans relache *Bluet* (f), il faut lui faire faire d'une manière ou d'autre ce qui est si nécessaire à *Baptiste* (c). Je ne doute pas de la bonne volonté personnelle de *Bluet* (f), mais les effets seuls peuvent le prouver. *Baptiste* (c) est perdu sans ressource, si les fonds se font attendre *un moment* lorsqu'il

------

(a) la baronne de *Reich.*
(b) *Demougé.*
(c) *Pichegru.*
(d) *Wurmser.*
(e) L'Archiduc *Charles.*
(f) *Wickham.*

en aura besoin. On me l'a dit cent fois ce matin : et je ne vous cache pas que (entre nous soit dit) l'inquiétude de *César* (a) et *Antoine* (b) porte sur ce seul point. C'est vous , madame *la baronne* (c) , ce sont les sacrifices innumérables que vous faites pour *Bourgeois* (d) et pour l'Europe depuis si long-tems qui vous donnent le droit de presser vivement du côté de *Bluet* (e). Je crois que *Louis* (f) ferait un coup d'état en le voyant : il a assuré les chôses *ici* ; s'il les assure du côté de *Bluet* (e) il aura bien certainement fait tout le décisif ; quelques chôses que m'ait répété *César* (a) pour m'engager à aller auprés de *Bluet* (e) et quoique le commis de *Laurier* (g) ici , m'ait prié d'insister auprès de *Bluet* (e) sur un point pressant et bien essentiel dans *quinze jours* dans cette ville , je n'irai point chez *Bluet* (e). Je suis sûr que *Louis* (f) fera mieux et

______

(a) *Wurmser*.
(b) Archiduc *Charles*.
(c) La baronne *de Reich*.
(d) Le *Prétendant*.
(e) *Wickham*.
(f) *Fauche-Borel*.
(g) *Condé*.

beaucoup mieux que moi. Mais engagez le
à avoir toute l'assurance qu'il est fait pour
avoir, et qu'il se fasse valoir ce qu'il vaut.
Il faut que bien des gens le traitent comme
il le mérite, c'est à dire avec respect ; et
plus *Louis* (a) aura lui-même bonne opinion de lui-même, plus il servira gran-
dement la chôse, si *Louis* (a) n'était pas
parti de chez vous avant mon arrivée, *je
lui dirais les deux chôses majeures* qu'il
faut qu'il demande à *Bluet* (b) il est impossible de les écrire ici, n'ayant ni chiffre
ni noms donnés ici. Il est bien essentiel
que *Louis* (a) ou vous madame *la baronne* (c) , instruisiez *Antoine* (d) de ce
qui arrivera du *Magazin* (e) en y joi-
gnant les reflexions que vous jugerez les
plus propres à maintenir la confiance d'*Antoine* (d). Mes complimens , s'il vous
plaît, à l'énorme *fluxion* (f). Veuillez que

(a) *Fauche-Borel.*
(b) *Wickham.*
(c) La baronne *de Reich.*
(d) Archiduc *Charles.*
(e) Strasbourg.
(f) Un des commensaux de la baronne , *Ollery*, qui avait
alors une fluxion.

M. *Jaeglé* (a) reçoive ici l'assurance de mon vif attachement. Permettez moi de dire mille chôses à M. *Desgrigny*. Les troupes défilent nuit et jour et passent sans s'arrêter. *César* (b) a une confiance de *victoire* que je ne puis vous peindre ; je régarde cela pour beaucoup; adieu, madame *la baronne* (c) , agréez les sentimens de vénération et de respect que m'inspire le dévouement héroïque avec lequel vous consacrez au salut de la *société* , la constance et les lumieres que vous y apportez ; et permettez moi de vous assurer que les sentimens dont vous avez rempli mon ame ne finiront qu'avec ma vie.

M. le 24 à midy.

(a) Ou *Idylé*.
(b) *Wurmser*.
(c) La baronne de *Reich*.

6 *

272ᵉ. PIÈCE.

Nota. Originale, de l'écriture de Demougé, adressée à Klinglin. Demougé était alors à Bâle, à son retour de Berne, où il avait été visiter Wickham, accompagné de Badonville. La suscription est : A M. Persée.

Pomme (a) , 17 novembre 96.

CHER PERSÉE (b),

Je reviens de chez le bon *Bluet* (c), que j'ai trouvé tout disposé aux affaires de notre cher *Baptiste* (d), après deux conversations, chacune de deux heures, il a été conclu que de ce pas j'irais chez la *belle Zede* (d) (pour laquelle il m'a donné du *nec* (e) *et une lettre de sa main :*) de-là aux *Tresses* (f), et au moment

---

(a) Bâle.
(b) *Klinglin.*
(c) *Wickham.*
(d) *Pichegru.*
(e) *Nec plus ultrâ ;* c'est-à-dire , de l'argent.
(f) Strasbourg.

que m'indiquera *Baptiste* (a), à *Messa-line* (b) où *je serai le seul intermédiaire de cette belle fille à son amant* (c) *et à ses amis.* Abstraction de l'utilité indispensable avec laquelle je serai chez *Zede* (a), je lui ai détaillé d'autres moyens qui peuvent me mettre à même de faire le plus grand bien *à toute la famille* (d) ; il les a trouvé admissibles, de façon que, si le bonheur me veut dans ce travail, j'aurai en même temps rempli deux objets différents.

Une seule chose cependant ne m'a pas plû dans ce que nous avons discuté ; *Bluet* (e) massure qu'il lui est impossible de porter en compte à ses commettants les frais du *dez* (f) des *Tresses* (g), vû que c'était une partie 34992399151199895 20 (h) dont il n'est pas chargé de s'occuper. Je

---

(a) *Pichegru.*

(b) Paris.

(c) Il est facile de deviner que , par l'amant de *Pichegru* , le galant *Demougé* entend le *Prétendant.*

(d) La grande famille des Bourbons, etc.

(e) *Wickham.*

(f) Correspondance , espionnage.

(g) Strasbourg.

(h) Militaire.

trouve cés raisons *d'autant meilleures* que je vois qu'on ne peut pas les lui dissuader. *A nécessité vertu* ; mais *cela ne m'arrange pas tout à fait,* car on n'a pas eu l'air de faire attention à mon arriéré depuis tant de 3456999430 (a). Tant de votre part que de celle de *Louis* (b) et *Bluet* (c), qui ne s'expliquant pas clairement dans leurs lettres, ne m'ont pas fait sentir que je m'embourbais en faisant des 11361145315294, 675625890 315645149945255289, 2352940, 318256945294 (d) sur le même ton. Me voilà donc absolument renvoyé à *Antoine* (e) et à *Persée* (f) pour la continuation *de leur partie* à laquelle je joindrais celle de *Messaline* (g) que je ferai passer à *l'Insulaire* (h) pour la joindre au reste, en tant qu'il y a de l'intéressant. Lorsque je serai de retour de chez *Bapt.* (i) aux

---

(a) Mois. Il paraît que *Demougé* n'avait rien reçu depuis le passage du Rhin par *Moreau.*

(b) *Fauche-Borel.*

(c) *Wickham.*

(d) Avances pour continuer mes choses.

(e) Le prince *Charles.*

(f) *Klinglin.*

(g) Paris.

(h) La femme *Demougé.*

(i) *Pichegru.*

Tresses (a), je mettrai à ma place un de 345294116699445294, tres 31116711222352 de 6611998952ola225294567745520 (b) et *Philippe* (c) 3182118677520 (d) par *Bluet* (e) spécialement 44520 — la 671189149952 0349923991421998952, corroborera le 148 91136119923 qui se 666528911o 318252940 34569900o3o (f).

J'attends, mon cher *Persée* (g), votre réponse à cet effet ; car il est essentiel, pour moi et les affaires, de ne pas être géné, car il me sera plus possible de faire des 113611453152940 36250 7425520 31-52235294 que j'ai déjà 66119914 52940 44114594 (h) l'espérance que cela ne manquera pas, sont déjà fort sensible à ma petite 665689142545520 (i) d'ailleurs 89259945520 671189 le 6711679952890 (k).

(a) Strasbourg.

(b) Mes affidés, très-capable de faire la besogne.

(c) *Thugnot.*

(d) Chargé.

(e) *Wickham.*

(f) De la partie militaire, corroborera le travail qui se fera *chez moi.*

(g) *Klinglin.*

(h) Avances, vu que celles que j'ai déjà faites, dans l'espérance.

(i) Fortune.

(k) Ruinée da. le papier.

Le *nec* (a) que *Bluet* (b) m'a remis pour les affaires de *Messaline* (c), sera bien au juste ce qu'il faudra pour là; *il est vrai que Baptiste* (d) *est cavé pleinement pour les grands* 31119430 (e). Mais, je le répète, je ne puis rien prendre de là, puisque *Bluet* (b) ne le veut pas : il m'a promis (à ma demande) de le faire à savoir à qui il appartiendra.

Je n'ai pas trouvé d'*oublie* (f) de l'*Insulaire* (g) pour vous à la *Pomme* (h); vous serait-elle parvenue par 3411995-689 (i), ou *Bon Trou* (k), ou bien l'homme de la *Pomme* (h) m'en apportera-t-il ici, avant mon départ? c'est ce que je verrai. S'il en vient je les joindrai à la présente. Le bruit court ici que Mantoue est

---

(a) L'argent.
(b) *Wickham.*
(c) Paris.
(d) *Pichegru.*
(e) Cas.
(f) De lettres.
(g) La femme de *Demougé.*
(h) Bâle.
(i) *Major*, espion.
(k) *Gambsheim.*

prise par les Français ; et d'autres lettres particulières du Milanais disent que les Français y ont perdu 16000 hommes. On dit aussi qu'une insurrection de 30,000 Irlandais avait éclattée , qu'ils ont battus 10,000 Anglais , et que *Richery* amiral français avait joint les Irlandais. *Diogène* (a) , est-elle à son poste ! faites lui mes amitiés. *Bluet* (b) desire que *le Gros* (c) vienne pour faire aller *le dez* (d) chez vous ; il en est capable, et vous soulagera beaucoup ; il faudra cependant je pense qu'il soit agréé par le brave *Antoine* (e). Adieu cher *Persée* (f) , je tacherai d'être tres lestement de retour chez moi pour mettre ordre à mes affaires. Si *Antoine* (e) a des ordres particulières à

(a) La baronne de *Reich*. Il paraît qu'on l'attendait pour former une seconde fois son *club de nouvelles* a Offembourg.

(b) *Wickham.*

(c) *Ollery*. Ce jeune réquisitionnaire dont il est tant parlé dans le premier volume.

(d) Correspondance , espionnage.

(e) Le prince *Charles.*

(f) *Klinglin.*

me donner pour *Messaline* (a), je les exécuterai de mon mieux.

Je vous embrasse cordialement,

Simon Fure (b).

____

(a) Paris.
(b) *Demougé.*

PRECIS

DE LA CORRESPONDANCE

D'ANGLETERRE A PARIS,

ET DE PARIS EN ANGLETERRE.

La découverte des papiers trouvés dans le domicile de la citoyenne *Mercier*, prouve l'existence d'un comité d'individus correspondant avec l'Angleterre, pour fournir à son Gouvernement, et aux princes français qui y sont réfugiés, les moyens de nuire au Gouvernement français, de le renverser, et d'exposer de nouveau la France à tous les hasards d'une seconde révolution.

Ce comité paraît principalement composé de trois membres : l'un, qui porte le nom de *Paul Berry*, est *Hide* l'aîné, qui se fait quelquefois appeler *Neuville* ; les deux autres sont *Ferrand* et *Dubois*. *Paul Berry* tient la plume ; *Ferrand* voyage de

Paris à Londres et de Londres à Paris ; *Dubois* est un personnage mystérieux, plus important, qui a des pouvoirs, au nom de qui *Paul Berry* écrit, dont il semble souvent ne faire qu'exécuter les ordres, mais qui, dans aucune occasion, ne paraît agir personnellement. Que le comité se réduise à ces trois personnes, c'est ce qui est également prouvé par les lettres écrites de Paris, au nom des trois individus, et par celles de Londres, toujours adressées aux mêmes personnages.

Ils correspondent, à Londres, avec le ci-devant comte d'*Artois*, qui porte dans cette correspondance le nom d'*Honoré*, et avec *Dutheil* (qu'on dit l'agent du prétendant à Londres), qui se fait appeler *Chárron* ou *Robert*.

Nous n'avons aucune donnée sur la formation de ce comité. Il paraît qu'il existait lors de la révolution du 18 brumaire, et qu'à cette époque, *Paul Berry* et *Ferrand* étaient à Londres, occupés, avec les agens des princes, à concerter un plan contre le Directoire, pour l'exécution duquel ils reviennent à Paris.

Mais la révolution du 18 brumaire,

qu'ils apprennent en arrivant, suspend l'activité de leurs projets : elle met de l'incertitude dans les vues du ministère anglais ; il veut, avant de se décider à poursuivre l'exécution des plans qui lui ont été offerts, connaître le caractère de cette révolution, et savoir quels en seront, en France, les résultats. Un homme étranger au comité directeur, mais non au parti royaliste, est consulté. Ses conseils, les renseignemens qu'on obtient d'ailleurs, déterminent à reprendre les projets suspendus. En conséquence, *Dutheil* écrit de Londres, que les observations du comte d'*Artois* ont fait revenir le ministère anglais aux projets arrêtés par *Dubois*, *Ferrand* et *Paul Berry*. Celui-ci est invité à mettre la main à l'œuvre : des fonds lui sont promis ; mille louis lui sont annoncés ; il doit les recevoir par *Jules Caron*.

Pendant que ces promesses se font de Londres, on travaille à exécuter à Paris le plan concerté. *Ferrand* est parti pour l'Angleterre. *Paul Berry* a établi une contre-police à Paris ; plusieurs journaux sont à sa disposition ; et il a commencé, avec

Pichegru et *Lar...*, une correspondance dont il attend beaucoup.

A cette marche il croit cependant pouvoir en mêler une autre que le hasard lui a offerte ; c'est celle d'une négociation avec *Bonaparte* et *Talleyrand*, pour déterminer le premier à épouser les intérêts du *Prétendant*. Il ne désespère pas de parvenir à ce but, si le ministère anglais repousse toute idée de paix avec la France, et il insiste beaucoup pour le maintenir dans ses dispositions guerrières. Mais en négociant, il ne perd pas de vue les projets plus hostiles dirigés contre le Gouvernement français ; et il travaille à se mettre en état de les exécuter, tant en perdant *Bonaparte* dans l'opinion publique, qu'en détachant de lui les royalistes qui s'en sont rapprochés, en corrompant quelques républicains, des militaires et des hommes importans par leurs places. Il espère pouvoir le renverser, comme il avait projeté de renverser *Barras*, *Moulin* et leurs associés ; mais, pour cela, il faut de l'argent, et il ne cesse d'en demander au Gouvernement anglais.

La négociation est entreprise , et bientôt on désespère du succès. L'enivrement de celui que l'on prétend vouloir ramener à des idées plus saines , ne laisse guère d'espérance d'y parvenir. Plus que jamais il faut diriger contre lui les projets entrepris contre ses prédécesseurs. Un nouveau moyen se présente à l'appui de ceux que l'on a déjà ; c'est de faire venir *Pichegru* à Paris , pour de là l'envoyer dans les départemens insurgés : les 15 ou 18 mille hommes de troupes russes seraient mis à sa disposition. Il serait en état de recevoir à Brest , dont on compte se rendre maître par surprise , le comte *d'Artois* et le duc *de Berry :* son nom suffirait pour entraîner des généraux et des militaires secrétement dévoués au parti royalistes. On lui écrit , ainsi qu'à *Lar...* , pour sonder ses dispositions ; mais ce plan , comme les autres , ne peut s'exécuter si le Gouvernement anglais ne fournit pas ce qu'on appelle *l'argument irrésistible* , et son concours est réclamé avec de nouvelles instances.

Les moyens de négociation déplaisent à Londres aux princes et aux agens du roi ;

ils n'en attendent aucun succès : une négociation ne pourrait être entreprise, disent-ils, qu'au moment où l'étoile de *Bonaparte* commencerait à pâlir. Aussi le comte *d'Artois* se refuse-t-il à donner la lettre qu'on lui a demandée pour *Bonaparte* (1) ; il insiste, et on insiste en son nom, sur les moyens d'action, les seuls dont l'expérience de la révolution démontre qu'on puisse attendre du succès. Ce succès ne peut être amené que par la corruption. On voudrait séduire jusqu'aux ambassadeurs de la République ; mais on est tellement honteux de la petitesse de ces moyens, qu'on se propose bien d'en faire un mystère au Gouvernement anglais, pour ne pas lui découvrir cette extrême pénurie de ressources, lorsqu'on ne voudrait paraître à ses yeux qu'embarrassé sur le choix des moyens. Un projet plus grand, auquel le comte *d'Artois* attache beaucoup d'importance, est la surprise de

____

(1) Le brouillon de cette lettre, ou un fragment de ce brouillon, est coté 17 (Correspondance de Paris.) Il en est aussi fait mention dans une lettre de *Durocher*, qui peut être *Ferrand*, écrite de Boulogne (Lettres diverses, n°. 12)

la ville de *Brest*, au moyen des intelligences qu'on s'y est ménagées. Le comte
d'Artois ne prononce encore que le vœu
qu'il forme de venir se mettre à la tête des
royalistes. En attendant, on cherche à organiser, d'une manière plus régulière, la
correspondance de Paris à Londres, par
Amiens et Boulogne. Les agens employés
à ces courses ne sont pas également sûrs,
et tel qui n'a été que deux fois de Boulogne en Angleterre, s'attribue une somme
de cent louis qui était destinée à pourvoir
aux frais de ces voyages pendant un mois,
à raison de deux voyages par semaine.
La contre-police établie à Paris, obtient
l'entière approbation du comité de Londres. La lettre qui l'annonce et énonce les
détails précédens, est revêtue de l'approbation du comte *d'Artois*, écrite de sa
main, et signée par lui *Charles-Philippe*.

A Paris, le comité royaliste poursuit
ses mesures. *Ferrand* est arrivé ; il n'a
point apporté de fonds. *Paul Berry* écrit
à *Wickam* sur les moyens d'organiser une
correspondance régulière avec lui ; il
signe sa lettre *Neuville*, qui est le nom
sous lequel il est connu des royalistes

de l'ouest et de ceux de Paris, le premier n'étant employé que pour la correspondance avec l'Angleterre ; il lui fait passer une dépêche importante que *Ferrand* a apportée de Londres. Par la même raison (celle de *Mich*), il écrit à *Pichegru* pour l'engager à venir se mettre à la tête des royalistes de l'ouest ; il écrit aussi à *Lar..*, tant pour presser son retour que pour l'engager à déterminer le départ de *Pichegru.*

Des renseignemens plus développés sur la manière de surprendre Brest, lui sont communiqués par *le Fermier;* il les juge d'une telle importance, qu'il fait partir sur-le-champ M. *de Vauxnoir* pour l'Angleterre, pour les mettre sous les yeux du comte *d'Artois. Vauxnoir* doit passer par les Iles Marcou. Il est chargé de communiquer ces renseignemens au capitaine *Price*, et de l'engager à envoyer un *aviso* pour avertir la flotte anglaise. M. *de Bourmont* est également prévenu. *Vauxnoir* est porteur d'un plan très - détaillé pour l'enlèvement du port de Brest ; plan à l'exécution duquel doivent concourir l'armée royaliste et l'escadre anglaise , et dans lequel on a tout prévu, excepté l'opposition qu'auraient pu y mettre la vigilance des officiers républicains , le patriotisme de la garnison et des habitans, et vingt-cinq vaisseaux français mouillés dans la rade.

Trois jours après le départ de M. *de Vauxnoir* , part, par une autre route , M. *Dandreville* , portant un plan définitivement arrêté par le comité royaliste de Paris. La négociation avec *Bonaparte* avait entièrement manqué : elle devenait un tort pour ceux qui l'avaient entreprise à Paris ; tort d'autant plus grand, qu'elle avait été constamment désapprouvée à Londres. Pour le réparer , le comité poursuit avec une activité nouvelle les mesures qu'il a projetées : il désabuse les royalistes sur l'idée que quelques-uns d'eux avaient conçue que *Bonaparte* voulait rétablir la royauté , presse les chouans de recommencer la guerre , multiplie les promesses au nom de l'Angleterre , avance 18,000 liv. à M. *de Bourmont* pour achat d'armes et de munitions , et enfin , dans un très-long écrit , développe ses dernières vues : en voici l'exposition.

Les chouans recommenceront la guerre.

Ils seront soutenus par des débarquemens.

Pichegru paraîtra à l'armée des roya-listes ; son nom seul ébranlera la fidélité des troupes républicaines : des corps qui lui sont dévoués, donneront l'exemple de la désertion ; cet exemple sera prompte-meat imité.

Le Fermier se rendra à Brest pour li-vrer cette ville suivant le plan convenu : là seront reçus le comte *d'Artois* et le duc *de Berry* ; leur présence entraînera tous les royalistes qui balancent encore, et les *royalistes républicains* (1) se raugeront sous les bannières de *Pichegru.*

En même temps, des proclamations se-ront répandues pour séduire les militaires, rassurer les acquéreurs de biens nationaux en leur laissant l'espérance de ne pas tout perdre, attirer les Français insoucians (et l'on dit que c'est le grand nombre) en leur montrant la paix marchant à la suite de la royauté, et enfin épouvanter les fac-tieux par la désorganisation de leur gou-vernement.

A Paris, on commencera, pour désor-

____

(1) Expressions de *Paul Berry.*

ganiser la police républicaine, par publier et afficher la liste de ses espions et mouchards, qu'on s'est procurée moyennant trente louis.

Le débarquement effectué, et douze heures avant l'attaque projetée à Paris, des courriers partiront de cette ville sur toutes les routes, portant des proclamations et journaux fabriqués à dessein ; ils ne commenceront leur mission qu'à vingt-cinq lieues de la capitale et dans des villes affidées : là, ils annonceront la République détruite, la royauté proclamée à Paris et reçue avec enthousiasme ; ils accompagneront cette annonce de tous les détails propres à le faire naître ; ils échaufferont les têtes, parleront au nom du roi, sommeront les bons Français d'arborer, comme à Paris, la cocarde blanche, et exciteront un soulèvement général.

Le coup principal sera porté à Paris, où le Gouvernement se trouvera tout-à-coup désorganisé par le renversement d'un seul *homme* dont l'ambition et sur-tout l'opiniâtreté pourraient ensanglanter la France.

Pour cela les mesures sont prises ; une petite armée est organisée à Paris sous le

commandement de M. *Joubert.* L'exécution sera prompte et les suites sans danger.

Le comité demande donc, avec une nouvelle instance, les deux moyens les plus
propres à assurer l'exécution de son plan ;
de l'argent, et la présence de son altesse.
Il sollicite aussi des bons d'emprunts à faire
au nom de son altesse dans les villes les
plus riches de France, lors du renversement du gouvernement républicain.

En attendant l'approbation de ce plan et
les secours demandés, le comité royaliste
fait tout ce que peuvent lui permettre sa
situation et la pénurie de ses moyens. La
contre-police, dont il a fallu réduire la dé-
pense à cent louis par mois, va son train ;
elle éclaire et entrave la marche de la police ministérielle : le comité remédie à la
suppression d'un grand nombre de journaux, par l'établissement d'une feuille
secrète (*l'Invisible*), destinée à dénatu-
rer et à critiquer les opérations du Gouvernement ; par celle d'un journal hebdo-
madaire (*l'Avant-courier* ou *le retour à
l'ordre*), et par l'impression d'une foule
de brochures, tendant au même but : il
fait partir pour Londres madame *William,*

et la charge d'une nouvelle lettre pour le comte *d'Artois*.

M. *de Vauxnoir* a fait un heureux voyage ; il arrive le 3o nivôse. Le comte *d'Artois* reçoit par lui le plan qui doit lui livrer Brest : il le fait communiquer au ministère anglais, et, en l'assurant de la vérité de ces renseignemens, il obtient que l'exécution en sera poursuivie.

Le voyage de M. *Dandreville*, parti trois jours après *Vauxnoir*, n'a pas été si heureux. Il a éprouvé mille obstacles par la route qu'il a suivie : ainsi le plan dont il est porteur n'est point encore sous les yeux du comte *d'Artois* ; cependant le temps presse pour l'exécuter. Le comité écrit de nouvelles lettres pour solliciter le secours de l'Angleterre et l'arrivée du prince, il se vante d'avoir déterminé le brave *Bourmont* à rejeter la paix ; mais le bruit se répand que d'autres chefs sont sur le point de l'accepter.

Il insiste donc pour la prompte exécution des mesures qu'il a proposées. *Bourmont* et *Frotté* ont besoin d'une puissante diversion. M. *Piet*, ex-législateur, doit être envoyé à Londres pour rendre ces sollicitations plus pressantes. Un événement imprévu l'empêche de faire ce voyage.

Pour ne pas perdre le temps d'une attente pénible et pour inquiéter le Gouvernement, le comité a fait placer, le 21 janvier, un drapeau noir à la Madeleine, et afficher, dans tout Paris, la proclamation de *Monsieur* (comte d'*Artois*) et le testament de *Louis XVI. Paul Berry* se vante d'avoir lui-même affiché ces pièces aux pieds de la statue de la liberté. Trois jours après, pareilles affiches ont eu lieu dans les communes qui environnent Paris.

M. *de Vauxnoir*, parti de Londres le 5 pluviôse, arrive le 14 à Paris. Grand nombre de dépêches lui ont été confiées : l'une renferme l'approbation du plan pour l'enlèvement du port de Brest. Les mesures prises pour surveiller la personne et les mouvemens de *Bonaparte* inspirent confiance et espoir. « Si le premier Consul va
» à l'armée de l'Ouest, écrit-on, comme on
» peut le présumer, et qu'il passe Arpajon
» sans avoir cessé de vivre, il aura prouvé
» qu'il n'y a plus en France ni royalistes
» ni jacobins ».

Au départ de *Vauxnoir*, M. *Dandre-*

ville n'était pas encore arrivé ; ainsi **on** n'a pu connaître et juger à Londres l'ensemble des mesures projetées, et leur exécution est encore supendue. Jamais cependant le moment n'avait été plus favorable. Brest est dégarni de troupes et rempli de mécontens : c'est ce que prouvent les rapports arrivés au _Fermier_, et ceux que _Paul Berry_ a eus de son jeune frère... On continue de surveiller _Bonaparte_ et d'observer ses mouvemens : on se tient prêt à le frapper au moment de l'arrivée de son altesse. On pourrait déjà se défaire de _Sieyes_; mais on aime mieux le laisser vivre comme cause de division. Une levée d'hommes se fait dans le midi. _Willot_ se mettra à leur tête ; des commissaires royalistes y sont envoyés. On espère aussi, si on a de l'argent, exciter un mouvement dans l'Orléanais : tous les moyens paraissent bons pour s'en procurer ; dans le département de l'Eure, 12,000 liv. ont été enlevés aux républicains. On surveille **un** nouvel envoi dont on attend un plus **grand** bénéfice ; cette surveillance qui s'exerce sur le trésor et les voitures publiques, est un des objets de la contre-police.

Au milieu de ces projets et de ces espérances, les fonds manquent ; les lettres-de-
change tirées par *Paul Berry*, et dont le
paiement a été plus d'une fois promis, ont
été protestées. Le tems s'écoule ; les cir-
constances deviennent moins favorables :
déjà l'on publie que *Châtillon*, *d'Auti-
champ* et *Suzannet* ont fait la paix. Le
deuxième commandant de la garde consu-
laire, sur lequel on comptait, vient d'être
destitué ; heureusement que *le Fermier* ne
l'est pas. « Que monseigneur arrive donc,
» que des fonds soient envoyés, que l'An-
» gleterre persiste dans ses dispositions
» hostiles pour récompenser le zèle de
» ceux qui lui sont parfaitement dévoués,
» et sur-tout qu'elle empêche tout arran-
» gement entre la France et l'empereur ».

Tels sont les vœux et les vues énoncés
dans cette correspondance, que nous n'a-
vons que jusqu'au 15 pluviôse pour les
lettres de Paris, et jusqu'au 5 pour
celles de Londres. La pacification des
départemens de l'ouest, et plus encore la
sagesse et la force du Gouvernement, en
ont prévenu l'exécution. Tels étaient les

moyens et les hommes destinés à renverser un Gouvernement pacificateur de la France, et actuellement triomphant en Italie et en Allemagne.

Ainsi, tandis que toute la France jouissait de la tranquillité qu'elle doit à la Constitution de l'an VIII, un petit nombre d'hommes intrigans autant que conspirateurs, partisans du désordre encore plus que de la royauté, amis de l'étranger, et par conséquent ennemis de leur patrie, essayaient de troubler cette tranquillité naissante, armaient les français les uns contre les autres, nourrissaient de folles espérances dans un petit nombre de royalistes de bonne-foi, inquiétaient le plus grand nombre des citoyens par des mesures qui auraient aigri le Gouvernement, s'il n'était pas grand dans ses principes autant que de sa force reelle, appelaient sur leur patrie et la guerre civile et la guerre étrangère, détournaient l'Angleterre de la paix, la trompaient sur notre véritable situation, et travaillaient à déshonorer les ci-devant princes français, en leur faisant prendre part à de viles intrigues, à des projets insensés, et à des mesures odieuses que l'honneur et la morale réprouvent, qu'aucun but ne peut ennoblir, qu'aucun motif ne peut légitimer, et qui n'avaient pas même pour excuse l'impérieuse nécessité.

Le Gouvernement, fort de l'assentiment de toute la nation, du bien qu'il a fait et de celui qu'il doit faire, est trop au-dessus de ces intrigues pour s'en inquiéter. Mais que les bons citoyens, trop souvent alarmés par de telles annonces, se rassurent donc en voyant quels sont les ennemis du Gouvernement, combien le nombre en est petit, combien leurs moyens sont faibles, quoiqu'ils ne soient pas scrupuleux sur le choix, combien est chimérique le but auquel ils prétendent arriver ! Que la force du Gouvernement soit connue, et qu'une confiance réciproque s'établissant entre les gouvernans et les gouvernés, assure, sur une base de plus en plus solide, la tranquillité et le bonheur public.

Signé EMMERY, B. J. A. CHAPTAL, CHAMPAGNY.

Pour Copie conforme auxdites ièces imprimées.